DR. ZIAD MAJED, geboren 1970 in Beirut, ist Politologe und Professor für Internationale Beziehungen an der Amerikanischen Universität Paris. Er hat beim Libanesischen Zentrum für Politikwissenschaften sowie beim Libanesischen Roten Kreuz gearbeitet und gehört zu den Mitgründern der Demokratischen Linken Bewegung im Libanon. Ziad Majed publiziert auf Französisch und Arabisch über libanesische, syrische und arabische Politik, u.a. für *Le Monde, Libération, Now Lebanon* und *Al-Quds al-Arabi*. Er lebt in Frankreich und im Libanon.

HARALD ETZBACH ist Historiker und Politikwissenschaftler, Übersetzer und Journalist. Er hat zahlreiche Werke aus den Bereichen Sozialwissenschaft, Geschichte und Philosophie aus dem Englischen, Französischen und Italienischen übersetzt (u.a. Ellen Meiksins Wood, Ilan Pappe, Slavoj Žižek, Bruno Bosteels, Giovanni Sgro).

ZIAD MAJED

SYRIENS VERWAISTE REVOLUTION

AUS DEM FRANZÖSISCHEN ÜBERSETZT VON HARALD ETZBACH

EDITION NAUTILUS

Die Originalausgabe des vorliegenden Buches erschien unter dem Titel *Syrie. La révolution orphéline* bei Actes Sud, Arles 2014.

Der Text wurde für die deutschsprachige Ausgabe vom Autor überarbeitet, aktualisiert und ergänzt.

Edition Nautilus GmbH
Schützenstraße 49 a
D-22761 Hamburg
www.edition-nautilus.de

Deutsche Erstausgabe Oktober 2021

Umschlaggestaltung:
Maja Bechert
www.majabechert.de

Satz: Corinna Theis-Hammad
www.cth-buchdesign.de

Porträt des Autors auf Seite 2:
© Majd Eid

Karte auf Seite 6:
© iStock by Getty Images

MIX
Papier aus verantwortungsvollen Quellen
FSC® C083411

Druck und Bindung:
CPI – Clausen & Bosse, Leck
1. Auflage
ISBN 978-3-96054-272-8

Für Razan Zeitouneh, Samira Al-Khalil und Faiek Al-Meer

***

Mein Dank geht an Nadia Leila Aissaoui
und Farouk Mardam-Bey für die Unterstützung
und wertvollen Ratschläge.

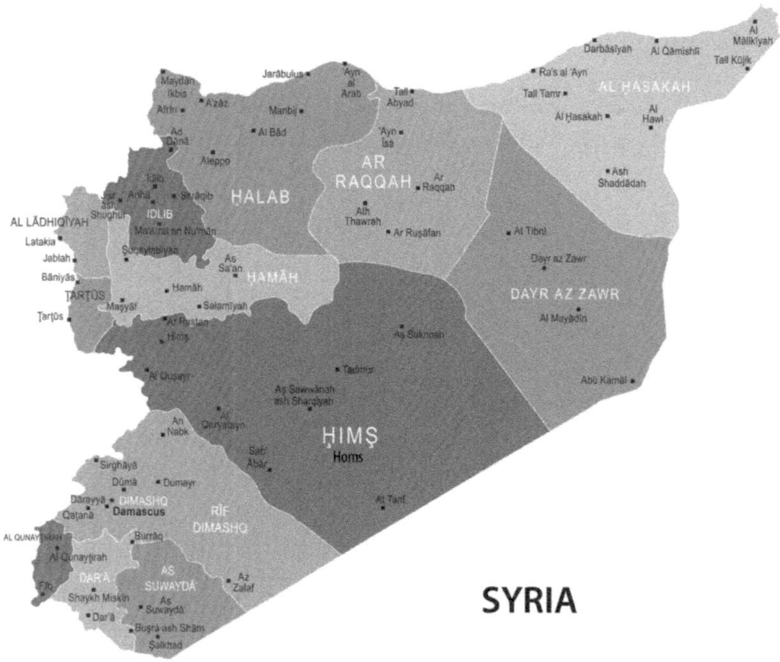

AL ḤASAKAH
Darbāsīyah
Al Qāmishlī
Al Mālikīyah
Tall Kūjik
Ra's al 'Ayn
Tall Tamr
Al Ḥasakah
Al Hawl
Ash Shaddādah
Jarābulus
'Ayn al Arab
Tall Abyad
Maydān Ikbis
A'zāz
Afrīn
Manbij
Al Bāb
Aleppo
ḤALAB
AR RAQQAH
'Ayn Īsá
Ar Raqqah
Ath Thawrah
Ar Ruṣāfah
Al Tibnī
Dayr az Zawr
DAYR AZ ZAWR
Al Mayādīn
Abū Kamāl
Idlib
Arīḥā
Sarāqib
Jisr ash Shughūr
IDLIB
Ma'arrat an Nu'mān
AL LĀDHIQĪYAH
Latakia
Jablah
Bāniyās
ṬARṬŪS
Ṭarṭūs
Ṣuqaylabīyah
As Sa'an
ḤAMĀH
Ḥamāh
Maṣyāf
Salamīyah
Ar Rastan
Ḥimṣ
Aṣ Sukhnah
Tadmur
Al Quṣayr
Aṣ Ṣawwānah ash Sharqīyah
Al Qaryatayn
An Nabk
ḤIMṢ
Homs
Sab' Abār
Sirghāyā
Dūmā
Dumayr
Dārayyā
DIMASHQ
Damascus
Qaṭanā
RĪF DIMASHQ
At Tanf
AL QUNAYṬIRAH
Burrāq
Al Qunayṭirah
DAR'Ā
AS SUWAYDĀ'
Az Zalaf
Fīq
Shaykh Miskīn
As Suwaydā'
Dar'ā
Buṣrá ash Shām
Ṣalkhad

SYRIA

Vorwort zur deutschen Ausgabe

Ich habe diesen Essay zwischen Mai und Dezember 2013 auf Arabisch und dann auf Französisch geschrieben.

Ich wollte dabei sowohl die Situation in Syrien im Kontext der Arabischen Revolutionen von 2011 erläutern als auch davor warnen, dass dieses Land zum Schauplatz einer der größten Tragödien unserer Zeit werden könnte, wenn es der Barbarei, die sein Volk heimsucht, ausgeliefert bleibt.

Heute, im Jahr 2021, habe ich den ursprünglichen Text, der meines Erachtens immer noch aktuell ist, übernommen und einige seiner Kapitel überarbeitet, um die Entwicklung der Lage vor Ort und in Bezug auf regionale und internationale Fragen seit 2014 zu berücksichtigen. Ich habe auch ein Nachwort in Form einer Synthese geschrieben, und zwar als Antwort auf die Frage, die ich immer wieder gehört habe: Warum so viel Gewalt in Syrien?

Die vorliegende Ausgabe erscheint somit zehn Jahre nach dem Ausbruch der syrischen Revolution und ihrer Umwandlung in einen bewaffneten Kampf, der dann in einen »totalen Krieg« mündete, an dem ausländische Akteure und Militärinterventionen beteiligt waren und der zur Zerstörung des Landes und zur Abwanderung eines Drittels seiner Bevölkerung ins Exil führte. Sie kommt auch zu einer Zeit, in der der revolutionäre Prozess, der im Dezember 2010 in Tunesien begann und sich 2011 auf Ägypten, Libyen, Jemen, Bahrain (und Syrien) ausbreitete, angesichts seiner Misserfolge und Rückschläge vergessen zu sein scheint. Wir dürfen jedoch nicht vergessen, dass dieser Prozess Teil einer langen Geschichte ist und dass seine zweite Phase im Sudan, in Algerien, im Irak und im Libanon im Jahr 2019 zeigt, dass das, was ihn ausgelöst hat, immer noch lebendig ist: der tiefe Wunsch nach Freiheit, Gerechtigkeit, Frieden und Veränderung in der gesamten Region.

Ich danke Katharina Picandet und der Edition Nautilus, dass sie mir diese Publikation trotz der schwierigen Zeiten, die wir erleben, ermöglichen, und ich danke insbesondere Harald Etzbach für seine professionelle und engagierte Übersetzung.

Z.M.
März 2021

Vorwort zur französischen Erstausgabe

Seit Beginn der syrischen Revolution im März 2011 und trotz einer Zahl von mehr als 130.000 Toten, darunter 11.000 Kinder, und mehr als acht Millionen Verwundeten, Verhafteten, Gefolterten und Vertriebenen (davon zweieinhalb Millionen Menschen außerhalb Syriens), trotz der Zerstörung von Städten und Dörfern durch Luftangriffe mit ballistischen Bomben oder Fassbomben, trotz der Millionen von Bildern, Filmen und Zeugenaussagen, die die Tragödie des syrischen Volkes dokumentieren, trotz des Einsatzes von Chemiewaffen gegen Zivilist*innen durch das Regime von Baschar al-Assad in mehr als einer Region, insbesondere in der Ghouta (Vororte und ländliche Umgebung) von Damaskus am 21. August 2013, versagen die politischen, rechtlichen oder humanitären Institutionen der »internationalen Gemeinschaft« weiterhin in ihrer Verantwortung gegenüber dem syrischen Volk.

Regierungen, Organisationen und Meinungsmacher*innen liefern auch weiterhin Rechtfertigungen und Ausreden dafür, nichts zu tun, um den Syrer*innen zu helfen, die Tyrannei zu beenden, unter der sie seit dem Putsch von 1970 leiden, der Hafiz al-Assad an die Macht brachte. Schlimmer noch: Einige Intellektuelle, politische Strömungen und Medien unterstützen das Regime offen unter dem Vorwand, es sei Opfer einer »imperialistischen Verschwörung« wegen »seines Säkularismus und seiner Fortschrittlichkeit«, während andere darauf verzichten, Stellung zu beziehen, weil diese Ereignisse in einem komplizierten Nahen Osten stattfinden, und behaupten, dass alle Parteien »in Bezug auf Gewalt und Barbarei gleich« seien.

Warum so viel Zögern? Warum ist das Regime international »immun« geblieben, trotz der Schrecken, die von Menschenrechtsorganisationen als »Verbrechen gegen die Menschlichkeit« bezeichnet werden? Wie haben die Revolution und die Gesellschaft, aus der sie hervorging, dies durchgehalten? Inwieweit können wir sagen, dass Syrien sich auf lange Sicht in eine Bühne der Abrechnung zwischen regionalen und Weltmächten und eine Arena kommunitaristischer Konflikte verwandelt hat?

Dieser Essay gibt nicht vor, endgültige Antworten auf diese Fragen zu geben, die sich Millionen Syrer*innen und ihre Freund*innen weiterhin stellen. Er versucht, Aspekte der Revolution in Syrien und der extremen Gewalt, mit der das Regime darauf reagiert hat, neu zu lesen. Er gibt auch einen Überblick über die Bündnisse des Regimes und der Opposition und deren Politik und Konsequenzen. Er widerspricht der Rhetorik der Gegner*innen der Revolution, insbesondere in bestimmten Kreisen der arabischen und westlichen Linken, die vom ersten Tag an deren Ziele und Legitimität in Frage gestellt haben. Er sucht nach Gründen, warum ein Großteil der Weltöffentlichkeit diese Revolution nicht unterstützt und es sogar unterlassen hat, massive humanitäre Solidarität mit dem syrischen Volk in seiner Tragödie zu zeigen.

Dieser Essay ist daher ein Versuch, bestimmte Aspekte der »syrischen Frage« zu beleuchten, während das dritte Jahr[1] einer scheinbar »verwaisten« Revolution zu Ende geht. Dies ist ein Beitrag zusätzlich zu vielen anderen, die ihm zu diesem Thema vorausgegangen sind. Einige überschneiden sich und andere stehen einander entgegen, aber keiner greift umfassend alle Ursachen, Herausforderungen und Probleme dieser Revolution auf.

Z.M.
Dezember 2013

1 2021 geht die syrische Revolution in das zehnte Jahr [A.d.Ü.].

Einleitung: Die arabischen Revolutionen und die »syrische Ausnahme«

Der Beginn des Jahres 2011 war in der arabischen Welt durch eine Reihe von Volksaufständen gekennzeichnet, deren Ergebnisse sich heute in Tunesien, Ägypten, Libyen, Jemen und Bahrain unterschiedlich auswirken. Die syrische Revolution hingegen hat sich aufgrund der beispiellosen Gewalt des Regimes in einen bewaffneten Konflikt verwandelt.

Die Gemeinsamkeit zwischen diesen Revolutionen, unabhängig von der Vielfalt ihrer Formen, Bedingungen und Ziele und der Art und Weise, wie die herrschenden Regime und die Sicherheits- und Militärkräfte mit ihnen konfrontiert wurden, besteht darin, dass sie zu einem bestimmten Zeitpunkt stattfanden, als die Auswirkungen des demografischen, wirtschaftlichen und kulturellen Wandels der letzten drei Jahrzehnte in den arabischen Gesellschaften herangereift waren. Viele unmittelbare politische Faktoren, sowohl interne als auch externe – die von modernen Medien enthüllt wurden, bei denen es nicht mehr möglich war, ihnen einen Maulkorb zu verpassen oder sie zu zensieren –, spielten ebenfalls eine Rolle.

Unter diesen Faktoren sind einige mit der Brutalität tyrannischer Regime und der Korruption ihrer Komplizen und Netzwerke verbunden, die kraft ihrer politischen Immunität und einer Macht, die über den »Skandalen« oder der Strafverfolgung steht, einen beispiellosen Gipfel der Dreistigkeit und der Verachtung selbst für die formalsten Gesetze erreicht haben. Es waren diese Missbräuche und die Demütigung, die große Teile der Bevölkerung empfanden, die die Jungen und Mittellosen dazu brachten, das Schweigen zu brechen und sich der Resignation zu widersetzen.

Man muss auch berücksichtigen, dass die Bildung der Bevölkerung zunimmt und der Analphabetismus zurückgeht, wenn auch in den verschiedenen Ländern unterschiedlich stark. Es entsteht zudem eine neue Generation, die mehr als genug Gründe hat, sich gegen Regime zu empören, denen ihre Eltern jahrzehntelang unterworfen waren. Diese jungen Menschen sind mit allem verbunden, was soziale Netzwerke als Verbindungen mit der Welt anbieten können. Sie besitzen eine selbstbewusstere Individualität, die in ihnen ein ausgeprägteres Gefühl persönlicher Würde weckt. Sie sind auch mobiler, dank der Ausweitung des Verkehrs und des Rückgangs der familiären Kontrolle.

Ein weiterer Faktor ist die Expansion der Städte und ihrer Vororte, was in städtischen Räumen direkte Verbindungen zwischen Gruppen von Menschen schafft, die lokale Merkmale miteinander teilen, auch wenn sie aus unterschiedlichen sozialen Milieus stammen.

In allen arabischen Gesellschaften hat sich insbesondere in den letzten zwei Jahrzehnten ein erheblicher demografischer Wandel vollzogen. Die allgemeine Verlangsamung des Bevölkerungswachstums aufgrund der abnehmenden Geburtenrate sowie der vergleichsweise späteren Eheschließungen – also der Zeit der Familiengründung – bietet der neuen Generation bessere Chancen, sich an politischen Aktionen zu beteiligen, ohne durch frühe familiäre und soziale Verantwortung behindert zu werden, wie dies bei der vorherigen Generation der Fall war.[2] Wenn wir die Ausweitung der bewohnten Räume und die Kontinuität zwischen den Stadtvierteln hinzunehmen, verstehen wir, was es jungen Männern ermöglicht hat, öffentliche Plätze zu besetzen, zusammen mit jungen Frauen aus unterschiedlichen sozialen Schichten. Und obwohl es noch ein weiter Weg ist, bis sie die Rechte erhalten, die man ihnen verweigert, beharrten diese Frauen in jenen Tagen auf ihrer Gleichstellung und

---

2 Weitere Informationen zu demografischen, wirtschaftlichen und sozialen Veränderungen in der arabischen Region finden sich in den UNDP-Statistiken, die im »Arab Development Challenges Report« (2011) veröffentlicht wurden.

formulierten öffentlich die gleichen Forderungen und Hoffnungen wie die Männer.

Andere Faktoren stehen im Zusammenhang mit den Folgen des wirtschaftlichen Wandels seit den späten 80er Jahren des letzten Jahrhunderts. Viele Sektoren der Landwirtschaft und Industrie, die einen bedeutenden Teil der Arbeitskräfte beschäftigten, wurden zugunsten neuer Sektoren in den Bereichen Dienstleistungen, Handel, Finanzen oder Immobilien vernachlässigt. Diese waren jedoch nicht in der Lage, genügend Arbeitsplätze zu schaffen, eine Umverteilung des Wohlstands zu gewährleisten und die Grundlagen für ein ausgewogenes Wachstum zu schaffen. Dieses Phänomen ging daher mit einem Anstieg der Arbeitslosigkeit einher, von dem neue Hochschulabsolvent*innen betroffen waren, die der Arbeitsmarkt nicht aufnehmen konnte.[3] Die Desillusionierung der Arbeitslosen wuchs beständig, ebenso wie ihr Gefühl unerträglicher Ungerechtigkeit.

Die sozialen Netzwerke (Facebook, Twitter, YouTube und Blogs), die durch den Ausbau des Internetzugangs in der Region verfügbar wurden und deren Nutzer*innenzahl seit dem letzten Jahrzehnt weiter zugenommen hat, haben den Effekt, Informationen freizugeben, den Bürger*innen zu erlauben, in den Dialog miteinander zu treten und einen politischen Standpunkt einzunehmen.[4] Auch wenn die Bedeutung digitaler Instrumente für das Auslösen von Revolutionen eine Zeit lang übertrieben wurde, können wir heute im Nachhinein sagen, dass sie eine anstiftende Rolle gespielt haben, weil sie eben dazu benutzt wurden, zu mobilisieren und zu Demonstrationen aufzurufen, real und nicht-virtuell. Wenn diese nicht stattgefunden hätten, wären diese Instrumente ein virtuelles Phänomen ohne große politische Auswirkungen geblieben.

Die Verbreitung von »Livesendungen« durch visuelle Medien, Satellitenkanäle und Live-Streaming-Seiten hat jedoch zu einer

---

3 Die Arbeitslosenquote unter jungen Menschen in der arabischen Welt hatte am Vorabend der Revolutionen 24 Prozent erreicht, während der globale Durchschnitt 12 Prozent betrug.

4 Mobiltelefone, insbesondere Smartphones, ausgestattet mit eingebauten Kameras und SMS-Service, waren sehr effektive Waffen, umso schwieriger zu kontrollieren, als es unmöglich ist, alle Benutzer*innen zu verhaften.

allgemeinen Empathie mit den Ereignissen geführt, die im Gegensatz zu früher eine unmittelbare war. Die Menschen reagierten zeitgleich und nicht erst im Nachhinein, um die Demonstrant*innen zu unterstützen.

Die Suche nach der verlorenen Zeit

Die arabischen Revolutionen drückten ein Bestreben aus, den Ort des politischen Handelns, nämlich das Zentrum der Stadt, zu besetzen (oder zu befreien). Von Tunis bis Kairo, von Sanaa bis Manama, von Bengasi bis Daraa und Homs versammelten sich die ersten dichteren Menschenmengen auf den Hauptplätzen (oder versuchten es), als ob sie tagelange oder sogar wochenlange Demonstrationen und Versammlungen unterschiedlicher Art durchführen wollten. Lieder, Slogans, Graffiti und andere Inschriften an den Wänden sowie die Entfernung von Porträts von Tyrannen und Slogans ihres Regimes, die in der Regel überall an den Plätzen und Hauptverkehrsstraßen zu finden sind, markieren die Wiederaneignung des gemeinsamen öffentlichen Raums durch die Demonstrant*innen.

Die arabischen Revolutionen haben auch den menschlichen Wunsch von Individuen und Gruppen offenbart, das Band der sozialen Solidarität wiederherzustellen, das einzige, das die Schwachen vor der Vorherrschaft der Sicherheitsapparate schützen kann. Denn die Kraft der Versammlungen, die Energie, die sich aus den riesigen Demonstrationen ergibt, und die Gemeinschaft zwischen Menschen, die nur wenig miteinander verbindet, sei es im Alltag oder in der Ausübung ihres Berufs (oder in ihrer Arbeitslosigkeit), erzeugen angesichts der größten Hindernisse ein individuelles und kollektives Gefühl der Stärke.[5]

---

5 Die einzigen Orte und Gelegenheiten, die, trotz ihrer eigentlichen Bedeutung, vor den Revolutionen in dieser Region ein klein wenig das Gefühl der Solidarität und »Unterstützung« zwischen den Menschen förderten, waren religiöse Zeremonien in Moscheen und Fußballspiele in den Stadien. Dies erklärt teilweise, warum viele Gläubige und »Ultras« (fanatische Fans der Fußballmannschaften) die am besten organisierten und sichtbarsten Gruppen in den Massen der Demonstrant*innen bildeten.

Vielleicht noch wichtiger oder von größerer politischer Bedeutung ist es, dass die arabischen Revolutionen vor allem den Wunsch zum Ausdruck brachten, sich die politische Zeit anzueignen. Es ging darum, jenen »Stillstand« zu beenden, den die Tyrannen durch ihre bekannteste Parole »Für die Ewigkeit« erzwungen hatten. Die politische Zeit endete unter der Herrschaft der repressiven Regime mit Wahlen, die mit 99 Prozent der Stimmen entschieden wurden (der Prozentsatz blieb von einem Jahrzehnt zum anderen stabil), und Nachfolgeregelungen, deren Ziel der ewige Machterhalt der regierenden Familienclans war.

Die libyschen und syrischen Revolutionen waren von Anfang an mit dem höchsten Maß an repressiver Gewalt konfrontiert, da sie sich gegen die beiden despotischsten und am stärksten durch Stammes- und Clanstrukturen geprägten Regime wandten. Aus diesem Grund waren sie am entschlossensten, die politische Zeit von dem Zeitpunkt an zurückzuerobern, der der Machtergreifung Gaddafis in Tripolis oder der Assad-Familie in Damaskus vorausging. In diesem Sinne ist die Tatsache, dass die Libyer*innen während ihrer Revolution die Fahne, die ihre Vorfahren zum Zeitpunkt der Unabhängigkeit 1951 gehisst hatten, wieder hervorholten, kein unwichtiges Detail. Auf diese Weise entfernten sie die ihnen seit 1977 aufgezwungene einfarbige Fahne Gaddafis aus ihrer Gegenwart und Zukunft. Es ist auch kein Zufall, dass die Syrer*innen die Fahne zurückholten, die sie beim Abzug der französischen Soldaten 1946 gegrüßt hatten. Drei Jahre lang war sie durch die Fahne der Union mit dem nasseristischen Ägypten ersetzt worden, wurde dann nach der Abspaltung wieder eingeführt, bevor sie 1963 durch die Baath-Partei erneut ausgewechselt wurde.

In beiden Fällen, sowohl in Libyen als auch in Syrien, ist trotz aller Unterschiede ein unaufhaltsamer Wille deutlich geworden, die Jahrzehnte der Tyrannei rasch hinter sich zu lassen und alle Symbole zu beseitigen, die daran erinnern. In gleicher Weise zeigte sich im Fall Libyens wie auch Syriens eine gewisse Sehnsucht nach den 40er und 50er Jahren des letzten Jahrhunderts, die in dem Wunsch zum Ausdruck kam, das Leben wieder aufzunehmen, wie es vor den Staatsstreichen und der Errichtung der »Republiken des Terrors« und der Notstandsgesetze bestand. Zu jener Zeit existierten in mehreren Ländern politische Eliten, die für eine relative Öffnung im Bereich der bürgerlichen Freiheiten eintraten und sich durch ein Interesse an Verwaltung, Diplomatie, Wirtschaft und anderen Disziplinen auszeichneten, die für den Aufbau und die Administration eines Staates erforderlich sind. Obwohl diese Eliten den sozialen Aufstieg vor allem auf dem Land mehr oder weniger behinderten und den Spielraum für die Teilnahme am politischen Leben einengten, hatten sie all dies nicht verboten oder gewaltsam unterbunden. Diese Regime hätten wahrscheinlich schrittweise reformiert werden können, wären sie nicht durch Militärputsche gestürzt worden, bei denen Parolen von Gerechtigkeit, arabischer Einheit und der palästinensischen Sache dazu benutzt wurden, eine Herrschaftsweise durchzusetzen, die »für immer«, außerhalb der Zeit, bestehen bleiben sollte.

Die Rückkehr zu dieser Vergangenheit bedeutet nicht notwendigerweise, dass die wiedergefundene politische Zeit Stabilität und eine einfache politische Entwicklung hervorbringt. Die Libyer*innen erleben neue Herausforderungen, seitdem Gaddafi im August 2011[6] nach heftigen Kämpfen, die zu einer von der Liga der arabischen Staaten und dem UN-Sicherheitsrat gedeckten militärischen Intervention der NATO[7] geführt hat-

---

6 Nach einem schwierigen politischen Übergang, der Weigerung der Milizen, sich aufzulösen, und der Verbreitung von Waffen nach dem Sturz Gaddafis, geriet Libyen 2014 in einen Bürgerkrieg. Im Jahr 2015 eskalierte dieser Krieg und spaltete das Land trotz der Bildung einer Zentralregierung in Tripolis, die von den Vereinten Nationen anerkannt wurde. Er wird bis heute fortgesetzt und wird zunehmend zu einem Zermürbungskrieg zwischen Libyer*innen, aber auch zwischen regionalen und internationalen Akteuren. So unterstützen die Türkei, Katar und Italien offen die Regierung von Tripolis im Westen des Landes, während die Vereinigten Arabischen Emirate, Saudi-Arabien, Ägypten und Russland die Truppen von General Haftar im Osten unterstützen. Die französischen und amerikanischen Positionen blieben in Bezug auf den Konflikt ambivalent, auch wenn Rom und Tripolis Paris der Komplizenschaft mit Haftar bezichtigen.

7 Die Resolution 1973 wurde am 17. März 2011 von den Vereinten Nationen angenommen. Sie forderte (unter Kapitel VII) zum Schutz der libyschen Zivilbevölkerung die Einhaltung der internationalen Konventionen und

ten, gestürzt wurde. Das ist es auch, was die Syrer*innen seit 2010 täglich erleben, indem sie mit Problemen aller Art in ihrer Gesellschaft konfrontiert werden.

Eine »Ausnahme«: die syrische Revolution

Der syrische Präsident Baschar al-Assad erklärte in einem Interview mit der amerikanischen Tageszeitung *Wall Street Journal* am 30. Januar 2011, dass Syrien eine »Ausnahme« sei und keine »Unruhen« oder Revolutionen wie die in Ägypten, Tunesien und dem Jemen erleben werde. Ihm zufolge unterstützte das syrische Volk seine Außenpolitik, und er fügte hinzu, dass er, Baschar, seinem Volk nahestehe. Er werde, nachdem er die Verbesserung des Bildungs- und Unterrichtsniveaus im Land in Angriff genommen habe, politische Reformen einleiten, damit die Syrer*innen bereit seien, ihm zu folgen. Denn, so fuhr er fort, »jede zu schnelle Reform könnte zu Unordnung führen und katastrophale Folgen haben«.

Weniger als zwei Monate nach diesem Interview war Syrien Schauplatz der größten der arabischen Revolutionen. Die größte, weil sie aufgrund der politischen, sozialen und sicherheitspolitischen Besonderheiten des Regimes, mit dem sie konfrontiert war, die radikalste war. Die größte auch, weil sie eine rasche räumliche Expansion erfahren sollte, mit gleichzeitigen

die Einrichtung einer Flugverbotszone, um zu verhindern, dass Gaddafis Luftwaffe in die Kämpfe gegen die Aufständischen eingreift und Zivilist*innen in Bengasi und anderen Gebieten, die sich ihrer Kontrolle entziehen, bedroht. In dieser Resolution wurde auch ein Embargo für die Lieferung von Waffen an das Regime, das Einfrieren libyscher Konten und des »offiziellen« Vermögens im Ausland und die Ermächtigung der Mitgliedstaaten, über regionale oder internationale Organisationen direkt einzugreifen, um die Umsetzung der Resolution durchzusetzen, beschlossen. Die Resolution wurde zusammen mit der Aktivierung des Internationalen Strafgerichtshofs für Kriegsverbrechen und Verbrechen gegen die Menschlichkeit angenommen. Die militärischen Operationen der NATO, die durch diese Resolution gedeckt waren, nahmen jedoch eine Wendung, die zum Sturz Gaddafis führte, was den Zorn Moskaus und Pekings auslöste, die der Ansicht waren, dass Paris, London und Washington die UN-Resolution benutzt hätten, um das Regime zu stürzen. Das gleiche Argument werden Russland und China benutzen, um ihr Vetorecht gegen jede UN-Resolution zu Syrien auszuüben.

Demonstrationen in Dutzenden von Städten und Dörfern, begleitet von einer Berichterstattung der Bürger*innen, um der Zensur des Regimes entgegenzuwirken. Die größte schließlich deshalb, weil sie sich bald aufgrund der übermäßigen Gewalt des Regimes in einen längeren bewaffneten Kampf verwandeln sollte.

Was das betrifft, ist Syrien in der Tat eine »Ausnahme«. Aber das Land ist auch eine »Ausnahme« in Bezug auf die arabische und internationale Haltung ihm gegenüber, zwischen Zögern, Spaltungen, Konflikten und der Unfähigkeit, der Situation Herr zu werden.

Man kann mit Sicherheit sagen, dass diese »Ausnahme« und die internationale Herangehensweise an die Syrienfrage heute ihre Wurzeln in den 70er Jahren des letzten Jahrhunderts haben, also in der Zeit der Gründung dessen, was zu »Assads Syrien« wurde.

1

Assads Syrien und die Propaganda von »Widerstand« und »Moderne«

Man kann die Triebkräfte der syrischen Revolution und die Mechanismen ihrer Verwandlung in einen bewaffneten Kampf nicht klar erfassen, man kann nicht einmal die Grausamkeit des Regimes und die tiefen Spaltungen auf internationaler Ebene und in der arabischen Welt angesichts der Lage in Syrien erklären, ohne die Umstände des Aufbaus dieses Regimes durch Hafiz al-Assad im Jahr 1970 zu kennen, sieben Jahre nach dem Staatsstreich der Baath-Partei 1963 und der Ausrufung des Ausnahmezustands.

Dieses erste Kapitel enthält eine Analyse der Struktur des von Assad, dem Vater, eingeführten despotischen Systems, das auch noch weiterbestand, nachdem sein Sohn seine Nachfolge angetreten hatte. Es untersucht auch die Strategien, die die beiden Assads entwickelten und die es ihnen ermöglichten, ein Bild von Syrien zu erschaffen, in dem die Innenpolitik völlig ausgeblendet ist. Für einen weit entfernten Beobachter war Syrien somit auf regionale und internationale Grenzen und Funktionen beschränkt.

Hafiz al-Assad: Institutionalisierung der Tyrannei und Aufbau der Außenfunktionen Syriens

Der Hauptgrund für den Erfolg des syrischen Regimes bei der Gleichschaltung des öffentlichen Lebens in Bezug auf politische Partizipation, soziales Handeln und ethisches Engagement der Bürger*innen besteht in seiner zunehmenden Fähigkeit, die Öffentlichkeit, die Räume der Meinungsäußerung und alle Versammlungs- und Organisationsorte entweder durch Wiederaneignung oder durch Ausgrenzung zu konfiszieren. So hat das syrische Regime das, was Michel Foucault in seiner Analyse von Macht und Herrschaft »auf Handeln gerichtetes Handeln« nannte, bis zum Äußersten ausgeübt, indem es den neuralgischen Punkten der Gesellschaft, die als Sprungbrett für politisches Handeln dienen könnten, seine Tyrannei aufgezwungen hat. Es hat Gewerkschaften, Parteien und Zeitungen gegründet und Juristen und Intellektuelle sowie andere Kräfte der Zivilgesellschaft neutralisiert.

Nikolaos Van Dam und eine Reihe von Wissenschaftler*innen haben die konfessionellen und ethnischen Bestandteile des Regimes und deren Rivalitäten innerhalb der Militärinstitution und der Baath-Partei seit dem Staatsstreich von 1963 gründlich untersucht.[8] Aber diese Untersuchung, so sorgfältig und nützlich sie auch sein mag, umfasste nicht alle Aspekte seiner Allianzen. Elisabeth Picard betont, dass die Untersuchung der Klassen und sozialen Gruppen, auf die sich dieses Regime stützt, ihrer Funktionsweise und der Dynamik ihrer Beziehungen, es uns ermöglicht, die »Spaltung der Gemeinschaft, die alles in allem real, aber wenig operativ ist«[9], besser zu verstehen.

Denn auch wenn das Regime bei seinem Staatsstreich auf konfessionelle (vor allem Alawiten), militärische (die Armee) und parteiliche (die Baath-Partei) Grundlagen zählte und es ihm gelang, diese aneinander zu binden, indem es sie der Kontrolle von zumeist alawitischen Baath-Offizieren unterstellte, so spiegelte es doch seit Beginn seines Aufstiegs andere soziale Antriebskräfte wider. Laut Hanna Batato wurde die Baath-Partei in ihren frühen Jahren (1963–1968) von einem Bündnis von Gruppen innerhalb der Armee getragen, deren Gemeinsamkeit in ähnlichen ländlichen Ursprüngen bestand. »Zu diesen Gruppen gehörten Alawiten aus dem Departement Latakia, Drusen des drusischen Dschebels, Sunniten aus dem Hauran oder der Region Deir ez-Zor oder anderen ländlichen Ortschaften. Ihre

8 Nikolaos Van Dam, *Struggle for power in Syria*, Tauris, London 1977.

9 Elisabeth Picard, »Espaces de références et espace d'intervention du Mouvement rectificatif au pouvoir en Syrie, 1970–1982«, Dissertation, Institut d'études politiques de Paris, 1985.

Mitglieder waren alle Söhne kleiner Bauern, die ihre Produkte auf Märkten verkauften, die von den Händlern in Damaskus, Aleppo und Hama beherrscht wurden. Letztere schafften es immer, die Regierung dazu zu bringen, ihre Wünsche zu erfüllen und auf dem Markt Regeln zu ihrem eigenen Vorteil durchzusetzen. Ihre Beziehung zu den Bauern wurde dadurch auf die des Kreditgebers zu Gläubigern reduziert.«[10]

Es ist daher nicht verwunderlich, dass sich in der Baath-Partei der 1960er Jahre ein Geist der »Rache an der Stadt« entwickelte, der zu Einschränkungen gegen die Händler und Industriellen und zur systematischen Beschlagnahme ihres Eigentums führte. Dieser Groll nahm einige Jahre später andere Formen an, als Hafiz al-Assad 1970 an die Macht kam. Mit der Einführung seiner »Korrekturbewegung«[11] änderte der neue Herrscher die Formen der Rache nach der machiavellistischen Regel, die Städte zu besetzen und sich anzueignen, statt sie zu ersticken. Um dieses Ziel zu erreichen, förderte er die Landflucht in die Städte und erweiterte die Vorstädte. Schließlich knüpfte er Beziehungen zu Händlern und Geschäftsleuten, indem er ihren Wohlstand förderte, wenn sie im Austausch dafür loyal waren und sich vom politischen Leben fernhielten. Elisabeth Longuenesse stellt fest, dass die Städte, die eine massive Landflucht erlebten und deren soziales Gefüge vom »neuen Fürsten« infiltriert wurde, insbesondere die Hauptstadt Damaskus, sich dessen Herrschaft viel mehr unterwarfen als die Städte, die eine kohärentere soziale Struktur beibehielten.[12] Jene, die sich noch verweigerten, gaben später auf, betäubt von der Lektion, die 1982 in der schrecklichen Prüfung von Hama er-

10 Hanna Batato, »Al-thawrat as-Souriyya wal-Masriyya wal-Iraqiyya« [»Die ägyptische, syrische und irakische Revolution«], arabisch, *an-Nahj*, Nummer 21, 2001.

11 Assad, damals Verteidigungsminister, stürzte seinen Genossen und Rivalen in der Baath-Partei, Salah Dschadid, im November 1970. Dann verhaftete er Dschadid zusammen mit Nureddin Atassi, der als Zeichen der Ablehnung des Staatsstreichs als Präsident zurückgetreten war. Dschadid starb 23 Jahre später in Gefangenschaft. Präsident Atassi verstarb 1992 nur wenige Monate nach seiner Freilassung.

12 Elisabeth Longuenesse, »The Syrian working class today«, *MERIP Report*, n°134, vol. 15, July/August 1985.

teilt wurde. Der »Fürst« verzichtete in diesem Fall auf Machiavellis Rat und entschied sich für die Zerstörung der Stadt.[13] Die Ereignisse in Hama und anderen Städten des Landes, die mit Strafexpeditionen, Verhaftungen und dem Exodus Zehntausender Syrer*innen einhergingen, machten der Bevölkerung deutlich, dass die Armee und der Sicherheitsapparat zu unbegrenzter Gewalt gegen diejenigen fähig sind, die das Regime bedrohen oder sich ihm widersetzen.

Die Konsolidierung der Macht

Um seine Macht durch die Besetzung der Städte zu festigen, beschleunigte das Regime den Ausbau des öffentlichen Sektors, indem es seine Anhänger*innen in diesen lockte und sie in den Städten ansiedelte, insbesondere in der Hauptstadt. Laut Batato stieg die Zahl der Beschäftigten im öffentlichen Sektor von 34.000 im Jahr 1960 auf 331.000 im Jahr 1980, wodurch die Basis des Regimes innerhalb der staatlichen Institutionen gefestigt wurde. Im Gegensatz zu dem, was man in vielen anderen Fällen beobachten kann, wurde die Expansion des öffentlichen Sektors ab Mitte der 1970er Jahre von einem Boom des privaten Sektors begleitet, der auf die Maßnahmen zugunsten der Kleinindustrie, aber auch auf den Ölboom und den Zustrom von Hilfsgeldern aus den Golfstaaten nach dem Krieg gegen Israel im Oktober 1973 zurückzuführen war. Die Intervention Syriens im Libanon 1976[14], die dem Regime feste Einkünfte ver-

---

13 Nachdem die Muslimbruderschaft in ihrem Aufstand gegen das Regime bestimmte Gebiete von Hama erobert hatte, griffen Spezialeinheiten der Armee die Stadt im Februar 1982 an, bombardierten sie zunächst und drangen dann in sie ein, wobei zwischen 10.000 und 25.000 Einwohner*innen getötet wurden. Den Ereignissen in Hama und den dortigen Massakern ging die Verhaftung von Tausenden von Mitgliedern, Sympathisant*innen – oder mutmaßlichen Sympathisant*innen – der Muslimbruderschaft voraus. Diese Operationen trafen auch Mitglieder des Politbüros der Kommunistischen Partei (einschließlich des Oppositionellen Riad al-Turk, der ihr Generalsekretär war) und der Liga für kommunistische Aktion sowie andere linke Organisationen, pro-irakische Baathist*innen und Hunderte von syrischen Palästinenser*innen.

14 Die Intervention sollte dem libanesischen Bürgerkrieg ein Ende setzen. Der Krieg dauerte jedoch bis 1990 an, und das syrische Regime kontrollierte das Land nach dessen Ende bis 2005.

schaffte, tat ihr Übriges. All dies trug zur Stärkung der Beziehungen des Regimes zu einem Teil des Bürgertums und der städtischen Honoratioren bei.

Alle diese Faktoren zusammen (Vergrößerung des öffentlichen Sektors, Verbesserung des privaten Sektors, Zufluss von Hilfsgeldern und Kapital, begünstigt durch den Ölboom, und schließlich der Libanonkrieg) führten jedoch zum Auftreten neuer bürgerlicher Klassen, unter denen Volker Perthes »die neuen Industriellen«, »die Staatsbourgeoisie« und »die neue Klasse«[15] unterscheidet. Letztere wurde durch betrügerische Geschäfte, Bestechungsgelder und Schmuggel unter dem Schutz von Regierungsbeamten reich. Diese neuen Klassen haben dazu beigetragen, die soziale Basis des Regimes zu verbreitern, wobei Korruption notwendig wurde, um ihre Positionen zu erhalten: »Korruption ist kein Problem, solange diejenigen, die sie praktizieren, ihre Loyalität zum Regime beweisen. Denn Korruption bildet in diesem Sinne ein Netzwerk, das die Kreise des Regimes verbindet und zu einem Mittel wird, um Gruppen aus allen gesellschaftlichen Kategorien anzuziehen.«[16]

Gleichzeitig übernahm das Regime die meisten der politischen Parteien, indem es sie domestizierte und Spaltungen in ihren Reihen verursachte. 1972 schuf es die »Nationale Progressive Front«, die kommunistische, nationalistische und sozialistische Parteien zusammenbrachte, die aber nur eine Fassade war und keine Entscheidungsgewalt hatte. Gleichzeitig diente diese Front als Deckmantel für die Unterdrückung von »Dissident*innen« oder Mitgliedern von Parteien, insbesondere Kommunist*innen, die sich weigerten, sich unter ihr Banner einzureihen.

Auf die gleiche Weise übernahm das Regime die Arbeitergewerkschaften, machte laut Longuenesse zwischen 95 und 99 Prozent der Angestellten des öffentlichen Sektors zu Mitgliedern und verwandelte sie in Instrumente eines neuen »Staats-

15 Volker Perthes, *The Political Economy of Syria under Assad*, Tauris, London 1995.

16 Yahya Sadowsky, »Cadres, Guns and Money«, *MERIP Report*, July/August 1985.

korporatismus«. Was die Justiz betrifft, so wurde sie mit der Schaffung von Notstands- und Militärgerichten, die für die Anwendung des Notstandsgesetzes zuständig waren, ihrer Substanz beraubt, wodurch sie an den Rand gedrängt und die Glaubwürdigkeit und Unabhängigkeit ihrer Mitglieder zerstört wurden.

All dies zeigt, wie das von Hafiz al-Assad gegründete Regime dasjenige »korrigierte«, das die Baath-Partei während ihres ersten Jahrzehnts an der Macht (1963–1973) errichtet hatte. Es war immer noch eine Militär- und Sicherheitsmacht, aber mit einer viel breiteren sozialen Basis, die sich über mehrere Regionen des Landes erstreckte.

Es gibt jedoch noch einen weiteren Faktor, der eine große Rolle dabei spielte, dem Regime Zusammenhalt, Dauerhaftigkeit und den Spielraum zur uneingeschränkten Gewaltausübung zu verschaffen, insbesondere in den 1980er Jahren. Dies ist der kommunitaristische Faktor. In *L'État de Barbarie*[17] hat Michel Seurat eine der besten Analysen zu diesem Thema vorgelegt. Er geht vom Konzept der *asabiyya* nach Ibn Khaldun aus (das, was Durkheim »mechanische Solidarität« nannte), um die Rolle der Machtzirkel und der von der Assad-Familie geschaffenen Vereinigungen bei der Umwandlung der »alawitischen Gemeinschaft« von einer religiösen in eine »politische Konfession« zu erklären. Dieser Prozess vollzog sich durch Diskurse und Praktiken, die das Religiöse und das Politische vermischten, wobei Organisationen wie die Vereinigung al-Murtada von Dschamil al-Assad (dem Bruder des Präsidenten) mit klientelistischen Zielen beispielhaft waren.

Ein weiteres Mittel war die Reaktivierung eines Hasses auf die Stadt im kollektiven Gedächtnis der Alawit*innen, der sich auf die Zeit bezog, als die Stadt die Landbewohner*innen ausgebeutet und verachtet hatte. Vor allem sehen wir eine massive

---

17 Michel Seurats Artikel »L'État de Barbarie« wurde ursprünglich im November 1983 in der französischen Zeitschrift *Esprit* unter seinem Pseudonym Gérard Michaux veröffentlicht. Nach seinem Tod in Gefangenschaft in den südlichen Vororten von Beirut 1986 sammelten Gilles Kepel und Olivier Mongin seine Schriften über Syrien, zu denen auch dieser Artikel gehörte, in einer gleichnamigen Sammlung, die 1988 in Paris bei Le Seuil erschien.

Rekrutierung junger Leute aus der alawitischen Gemeinschaft sowohl in der Armee als auch im Sicherheitsapparat, deren Offiziere meist persönliche und manchmal familiäre oder Clan-Bindungen zu den Assads hatten.

Auf diese Weise konnte das Regime eine dominante *asabiyya* etablieren, die als Element der Kontrolle durch das fortschreitende Wachstum der wirtschaftlichen Netzwerke und Pfründe gestützt wurde. Sie spielte zwischen 1979 und 1982 eine wesentliche Rolle im Konflikt mit der Muslimbruderschaft, aber auch mit anderen politischen und gewerkschaftlichen Formationen.[18]

Kann man den Erfolg dieses Regimes bei der Errichtung seiner Hegemonie und seiner absoluten Macht anders erklären? Warum dauert seine Herrschaft schon so lange? Reicht das komplizierte Verhältnis zwischen dem Politisch-Militärischen auf der einen und dem Sozio-Ökonomischen auf der anderen Seite aus, um zu erklären, was geschehen ist? Können wir ein Element der Antwort in der Schlussfolgerung von Khaldun An-Naquib und anderen arabischen Soziolog*innen und Politikwissenschaftler*innen finden, wonach jede Macht, die unter Militärherrschaft beginnt, in »Bürokratie, Autokratie und der Verländlichung der Städte« endet?

Das ist zwar richtig, aber im Fall des syrischen Regimes reicht diese Schlussfolgerung nicht aus, um zu erklären, was zu einer scheinbaren Domestizierung der Gesellschaft geführt hat. Und doch ist dies eine Gesellschaft, die in dem Jahrzehnt seit der Unabhängigkeit des syrischen Staates große Vitalität gezeigt hat. Wir werden im Folgenden versuchen, weitere Antworten auf diese Fragen zu geben …

---

18 Assad gelang es, indem er sich auf diese *asabiyya* sowie auf die Nachsicht der Großmächte stützte und auf eine arabisch-nationalistische, antiimperialistische und antizionistische Rhetorik zurückgriff, die Muslimbruderschaft und alle Kräfte der linken Opposition zu liquidieren und das politische Feld Syriens in Schutt und Asche zu legen. Aber sein Erfolg ist auch auf die Unfähigkeit der Opposition zurückzuführen, ihre soziale Basis zu verbreitern, auf die Unterstützung oder Neutralität der Damaszener Bourgeoisie und vor allem auf die Angst, die durch die beispiellose Gewalt der Repression geschürt wurde.

Organisation und Gehorsam

Eines der wichtigsten Herrschaftsmittel, die das Assad-Regime geschaffen hat, ist diese Mischung aus Personifizierung, mit der es dem Präsidenten jede Gestaltungskraft zuschreibt und jede Regression als Fortschritt darstellt, und der Institutionalisierung von Repressions- und Überwachungsinstrumenten. Durch dieses Binom hat es zwei Ebenen des Diskurses, des Austauschs und der Beziehung zur Gesellschaft konstruiert. Die erste ist greifbar und materiell, die zweite symbolisch. Es hat damit die beiden von Max Weber analysierten Führungsstile, Bürokratie und Charisma, adaptiert.

Organisatorisch richtete Assad Apparate und Machtzentren ein, in denen er Loyalist*innen (meist in Konkurrenz zueinander) platzierte, denen er seine Befehle direkt übermittelte. Er vervielfachte die rivalisierenden Nachrichtendienste, wobei der mächtigste der der Luftwaffe war. Diese Apparate infiltrierten jede Stelle in der Gesellschaft und überwachten sich gegenseitig. Sie drangen in das Privatleben der Bürger*innen ein und verboten ihnen unter Androhung von Verhaftung und, wenn nötig, Tod, sich in das öffentliche Leben einzumischen. Aufgrund dieser Atmosphäre des Terrors, die symbolische Gewalt erzeugt, reicht es aus, dass die Menschen einander misstrauen, sich selbst überwachen und ihre Meinungen unterdrücken, damit der Sicherheitsapparat die Situation für unter Kontrolle und seine Herrschaft für unangefochten hält.[19]

Neben der Armee, der Bürokratie und dem Sicherheitsapparat wurde die Baath-Partei zu einem zusätzlichen Kontrollinstrument. Durch ihre »Volks«-Organisationen, die die Gewerkschaften, die Jugend, die Frauen und die Bauern beaufsichtigen, und durch ihre Zweigstellen in Schulen, Universitäten und den Medien, die für die Kontrolle des Lehrplans, die Vergabe von Stipendien und die Bereitstellung von Arbeitsplätzen zuständig sind, wurde das gesamte öffentliche Leben von der Einheitspartei eingeschlossen.

---

19 Um mehr über die Geheimdienste zu erfahren, vgl. Radwan Ziadeh, *Power and Policy in Syria,* Tauris, London 2011.

Auf der anderen Seite waren Charisma und die unerhörte Personifizierung von Macht das Mittel, um die Menschen von dem zu überzeugen, wovon sie überzeugt werden mussten. Mit anderen Worten: Indem er sich selbst Titel zuschrieb und sie unter seinen Porträts und Statuen in jeder Ecke Syriens ausstellen ließ, schuf Assad »Wahrheiten«, die jede*r glauben musste. Er war das »Symbol«, der »Saladin des 20. Jahrhunderts«, der »Erbauer des modernen Syrien«, dem er Stabilität, Fortschritt und regionale Macht brachte. Er rettete den Libanon vor der Teilung, »verhinderte die Vernichtung der Palästinenser*innen durch Israel und vereitelte die Verschwörungen des Imperialismus gegen die arabischen Völker«.

Der Kult um Assad wurde von Lisa Wedeen auf bemerkenswerte Weise analysiert.[20] Sie hat gezeigt, dass das Ziel dieses Götzendienstes nicht darin bestand, einen wirklichen emotionalen Impuls der Bürger*innen gegenüber seiner Person zu wecken, sondern Form und Inhalt des zivilen Gehorsams zu definieren, der von ihnen verlangt wurde: Neben Waffen und Folterkellern zielte der »Kult« um Assad darauf ab, die Bürger*innen zu unterwerfen und ihnen ein Verhalten aufzuerlegen, als ob sie ihren Führer wirklich verehrten. Mit diesem Kult zielte das Regime darauf ab, sie einzukreisen und die Bande zu brechen, die sie miteinander verbanden. Und selbst wenn sie versuchten, sich dem zu widersetzen, entweder direkt oder durch Witze oder karikierende Anspielungen und ironisches Lächeln vor den offiziellen Fernsehbildschirmen, bestätigten sie nur das Reich dieses Kults, eben weil sie nicht daran glaubten. Um dies zu erklären, zitiert Wedeen Slavoj Žižek mit den Worten, »selbst wenn die Leute das, was sie tun, nicht ernst zu nehmen scheinen, gehorchen sie trotzdem. Und Gehorsam ist das, was politisch zählt«.

Dank dieses erzwungenen Gehorsams und der oben erwähnten Praktiken, Allianzen und Repressionsapparate regierte Hafiz al-Assad drei Jahrzehnte lang Syrien und baute ein Regime und Strukturen auf, die zum Teil anderen klassischen dik-

20 Lisa Wedeen, *Ambiguities of Domination*, University of Chicago Press, Chicago 1999.

tatorischen Erfahrungen (Stalin, Ceaușescu, Kim Il-sung) entlehnt waren und zum Teil von lokalen Dynamiken inspiriert wurden.

Baschar al-Assad, der Geist seines Vaters, die »chinesische Option« und die Krisen in der Region

Baschar al-Assad war nicht die erste Wahl seines Vaters, um die syrische Republik zu regieren. Er wurde nur durch die Umstände zum Erben, da sein Bruder Bassel am 21. Januar 1994 bei einem Autounfall getötet wurde. Bassel schien aufgrund seines militärischen Ranges, seines öffentlichen Bildes als Schüler seines Vaters, kompromisslos und hart, der bereits für bestimmte politische, sicherheitspolitische und finanzielle Angelegenheiten zuständig war, der Statur des Führers nach der Vorstellung seines Vaters zu entsprechen. Er hatte bereits 1991 damit begonnen, internationale Beziehungen aufzubauen, sich an der Verwaltung der libanesischen Angelegenheiten zu beteiligen und einige seiner syrischen und libanesischen Freunde und Helfer in Macht- und Einflusspositionen zu installieren.

Was Baschar betrifft, so war er weit entfernt von direkten politischen Aktivitäten. Er studierte Augenheilkunde in London und profitierte gleichzeitig gesellschaftlich und finanziell von seinem Status als Sohn eines Präsidenten mit absoluter Macht. Als er unmittelbar nach dem Tod seines Bruders nach Damaskus zurückgerufen wurde, um die Nachfolge vorzubereiten, dachten einige, dass sein Mangel an politischer und militärischer Erfahrung (er war damals 28 Jahre alt) zu seinen Gunsten wirken würde, da er in den Augen der Syrer*innen als Fremder im »Zirkel« erschien. Aber der junge Mann wurde schnell in die oberen Ränge der Baath eingeführt, bevor er die Militärakademie in Homs besuchte und 1997 als Kommandant und nach einer weiteren Ausbildungsrunde 1999 als Stabsoberst abschloss. Seine militärische Ausbildung wurde von einer »Säuberung« unter den höheren Offizieren der Generation seines Vaters begleitet, aus Angst, dass ihr Einfluss seine Karriere behindern würde. Andere Offiziere, die seine Ernennung zum zukünftigen

Präsidenten befürworteten, wurden in wichtige Positionen des Geheimdienstes und der Republikanischen Garde berufen: Assef Shawkat (der dank seiner guten Dienste Baschars Schwester Buschra heiraten sollte), Bahjat Suleiman, Ali Aslan, Ibrahim Hoeiji und Hassan Khalil sowie Manaf Tlass (Sohn des Verteidigungsministers und Freundes seines Vaters, Mustafa Tlass) und sein jüngerer Bruder Maher al-Assad.

Zudem wurde Baschars Vorbereitung von Medienkampagnen begleitet, die in ihm »die Zukunft« feierten und ihn gleichzeitig als Mann der Modernisierung und als »würdigen Nachfolger« beschrieben. Sein Vater vertraute ihm unter anderem zwei wichtige Aufgabenbereiche an: den türkisch-kurdischen und den libanesischen. So trug Baschar 1998 dazu bei, seinen Vater von der Notwendigkeit zu überzeugen, Abdullah Öcalan, den Gründer und Führer der Arbeiterpartei Kurdistans (PKK), aus Syrien zu verjagen, um die Spannungen mit Ankara abzubauen.[21] Die beiden Länder waren an dem Punkt angelangt, an dem es zu gegenseitigen Drohungen, der Mobilisierung der türkischen Armee an Syriens Grenzen und der Einschränkung von Syriens Anteil am Wasser des Euphrat kam. Tatsächlich stimmte Hafiz al-Assad dem zu.[22] Mit Hilfe der ägyptischen Diplomatie arbeitete Baschar auch daran, die politischen und wirtschaftlichen Beziehungen zur Türkei zu normalisieren. So unterzeichneten die beiden Regierungen das Adana-Abkommen über die Zusammenarbeit im Kampf gegen den Terrorismus, ohne die Frage des 1938 unter französischem Mandat aus Syrien herausgerissenen Territoriums Alexandrette anzusprechen, was als

21 Öcalan hielt sich in Syrien unter dem Gewahrsam des militärischen Geheimdienstes auf. Er führte seine Partei von Damaskus aus und bewegte sich zwischen Trainingslagern für seine Kämpfer im Land und in der libanesischen Bekaa-Ebene.

22 Aufgefordert, das syrische Territorium zu verlassen, ging Öcalan 1998 nach Russland, dann über Italien in die Ukraine, wo er versuchte, Asyl zu erhalten. Danach kehrte er nach Russland und Weißrussland zurück, bevor seine Reise in der griechischen Botschaft in Kenia endete. In Nairobi nahmen ihn die türkischen Geheimdienste im Februar 1999 gefangen, mit der Komplizenschaft Kenias und der Unterstützung der CIA.

stillschweigende Anerkennung der türkischen Souveränität über dieses Gebiet angesehen wurde.[23]

Was die libanesische Frage betrifft, so unterstützte Baschar 1998 die Wahl von Armeechef Émile Lahoud zum Präsidenten der Republik. Er arbeitete auch daran, Premierminister Rafik Hariri für eine kurze Zeit von der Macht zu entfernen.[24] Mit Zustimmung seines Vaters beschränkte er die Rolle der beiden syrischen Funktionäre, die die Beziehungen zu Beirut verwalteten, Hikmat Shihabi und Abdel Halim Khaddam.

Um sein Image als Modernisierer aufzubauen, interessierten sich Baschar und sein enger Kreis besonders für die Informationstechnologie und konzentrierten ihre Reden auf die Modernisierung der Verwaltung und die Öffnung der Wirtschaft. Es wurde viel über den Ehrgeiz des »Doktors« (dessen Alter dem Durchschnittsalter der syrischen Bevölkerung entsprach) gesprochen, Investitionen zu fördern, die Wirtschaft zu liberalisieren, den Konsum anzukurbeln und den Kommunikations- und Internetsektor zu entwickeln. In ähnlicher Weise wurde die »englische Erfahrung« des jungen Assad als Beweis für seine »modernistischen« Neigungen[25] und als Versprechen für einen »Wandel in der Kontinuität« angeführt.

Hafiz al-Assad starb am 10. Juni 2000, und vom Moment seiner Beerdigung an wurden überall Porträts von Baschar gezeigt, die ihn als »die Garantie und die Hoffnung« darstellten. Allerdings musste die Verfassung geändert werden, um den designierten Erben der Präsidentschaft im Alter von 34 Jahren zuzulassen, sechs Jahre vor dem gesetzlichen Mindestalter für das Präsidentenamt.[26] Die Revision der Verfassung durch die »Volks-

---

23 Einige Jahre nach diesen Vereinbarungen erschienen offizielle syrische Karten, von denen dieses Gebiet verschwunden war.

24 Hariri war nach den Wahlen im September 2000, die er mit seinen Verbündeten haushoch gewonnen hatte, auf den Vorsitz des Rates zurückgekehrt.

25 Der britische Premierminister Tony Blair selbst hatte ihn als einen Freund Großbritanniens und seiner Kultur bezeichnet. Diese Wertschätzung wurde durch Baschars Heirat mit Asma al-Akhras bestätigt, einer syrisch-britischen Frau, die in London geboren und ausgebildet wurde, wo sie auch gearbeitet hatte.

26 In Artikel 83 der syrischen Verfassung wurde festgelegt, dass der Präsident der Republik »ein Araber und über 40 Jahre alt sein muss«. Er wurde ge-

versammlung« fand daher am 25. Juni statt. Am 5. Juli wurde Baschar zum Generalsekretär der Baath-Partei gewählt, woraufhin er als »Führer des Staates und der Gesellschaft« gemäß Artikel 8 der Verfassung seine Kandidatur für die Präsidentschaft verkündete.

Am 10. Juli fand eine Volksabstimmung statt, bei der 97,3 Prozent mit »Ja« stimmten, und so wurde Baschar zum zweiten Sohn der Welt, der die Präsidentschaft von seinem Vater erbte, nach Kim Jong-il 1994 in Nordkorea.

Der »Damaszener Frühling«

Während der Installation von Baschar al-Assad als Präsident fanden jedoch zwei wichtige Ereignisse statt. Das erste war die Erklärung von Riad al-Turk – dem Generalsekretär der Kommunistischen Partei, der 17 Jahre in den Gefängnissen des Vaters verbracht hatte –, in der er sich gegen die Vererbung der Präsidentschaft aussprach und Syrien ein »Königreich des Schweigens« und ein Freiluftgefängnis nannte. Diese Worte hatten eine große Wirkung innerhalb des Landes. Das zweite war eine von 100 syrischen Intellektuellen unterzeichnete Erklärung, die erste ihrer Art, bekannt als die »Erklärung der 99«.[27] In diesem Dokument wurden politische Reformen, die Abschaffung des Notstandsgesetzes und die Freilassung von politischen Gefangenen, die Rückkehr von Exilant*innen und die Wiederherstellung der öffentlichen Freiheiten gefordert.

ändert, um das Alter der Wählbarkeit auf 34 Jahre zu senken, Baschars Alter. Artikel 3 der Verfassung besagt, dass »die Religion des Präsidenten der Islam sein muss«.

27 Diese wurde im September veröffentlicht. Vorausgegangen war eine »Erklärung der Filmemacher«, die ein Ende der Zensur forderte. Diese auf eine Branche beschränkte Erklärung hatte jedoch nicht die gleiche Tragweite wie die Erklärung der Intellektuellen, die die politische Frage frontal und ohne berufsbezogene Erwägungen anging. Laut einem der Unterzeichner, Mohammad Ali Atassi, drückt es die Position des syrischen »kollektiven Intellektuellen« (in Anlehnung an die Definition von Pierre Bourdieu) aus, der sich im öffentlichen Leben engagiert, um Werte, Prinzipien und ein »symbolisches Kapital« zu verteidigen, das auf Wissen und Engagement beruht.

Sowohl die Erklärung von Riad al-Turk als auch die der Intellektuellen, gefolgt von der Veröffentlichung von Artikeln, die von in Syrien lebenden Autor*innen unterzeichnet waren und Reformen forderten, waren neue Phänomene[28], die bald durch die Eröffnung von 68 Clubs und Diskussionsforen zwischen Ende Oktober 2000 und Ende Januar 2001[29] untermauert wurden. Bei diesen Treffen wurden Themen besprochen, die zwanzig Jahre lang tabu geblieben waren. Unmittelbar danach wurden »Komitees zur Wiederbelebung der Zivilgesellschaft«[30] gegründet und die Nationale Demokratische Versammlung reaktiviert. In ihren Reihen befanden sich linke und nationalistische Oppositionsparteien und Kräfte.

Die Monate, in denen diese Foren aufblühten und Artikel und Kommuniqués veröffentlicht wurden, darunter eines von Anwält*innen und Jurist*innen, die ebenfalls die Abschaffung des Notstandsgesetzes und seiner Gerichte forderten, wurden als »Damaszener Frühling« bezeichnet. Es gab eine noch nie dagewesene Vitalität der Bürger*innen und einen Durst nach öffentlicher Meinungsäußerung und Debatte, nachdem zu lange ein von Zensur und Selbstzensur geplagtes Schweigen geherrscht hatte. Natürlich waren das Regime und seine Sicherheitsdienste alarmiert, denn sie fürchteten die Folgen eines politischen Comebacks der Intellektuellen und die Zunahme der Teilnehmer*innenzahl an Foren und Diskussionen. Deshalb beschlossen sie bereits im Februar 2001, die Foren zu schließen, da sie sie als »Bedrohung für die Stabilität, die nationale Einheit und das Vermächtnis von Hafiz al-Assad«[31] betrachteten. Und

---

28 Die meisten dieser Artikel wurden in der Kulturbeilage der Beiruter Tageszeitung *an-Nahar* veröffentlicht, die damals von dem Romancier Elias Khoury geleitet wurde.

29 Die wichtigsten Foren in Damaskus waren das Dschamal Atassi Forum und das Nationale Dialogforum, aber es gab auch aktive Foren in Aleppo, Homs, Tartus, Salamiya, Hasaka und Qamischli.

30 Dutzende von syrischen Intellektuellen und ehemaligen Häftlingen waren an der Gründung dieser Komitees beteiligt. Der Schriftsteller und politische Oppositionelle Michel Kilo war in der Presse und auf Konferenzen am stärksten präsent.

31 Regimevertreter sprachen direkte Drohungen gegen Intellektuelle, Oppositionelle und Forumsmitglieder aus, während andere vor einer »Algerisie-

nach einigen Monaten der Restriktionen und Einschüchterung von Aktivist*innen verhaftete der Geheimdienst Riad al-Turk im September 2001 erneut und beschuldigte ihn, »falsche Informationen zu veröffentlichen, die der Sicherheit der Nation schaden und ihre Moral untergraben«. Er wurde zu zweieinhalb Jahren Gefängnis verurteilt. Auch der Abgeordnete Riad Seif wurde verhaftet, der den Vorsitz des Forums für nationalen Dialog innehatte und dem Parlament eine Studie vorlegte, die belegte, dass die Vergabe eines Mobilfunkprojekts an den Geschäftsmann Rami Makhlouf, Baschar al-Assads Cousin mütterlicherseits, ein Vergehen war und den Staat Millionen von Dollar kostete. Er wurde daraufhin zu fünf Jahren Gefängnis und einer Geldstrafe verurteilt, die ihn ruinierte.[32]

So wurden der »Damaszener Frühling« und seine Hoffnungen auf politische Reformen bald nach der Machtübernahme durch Baschar al-Assad liquidiert.[33] Der Geist des Vaters schien die Zügel in die Hand zu nehmen, und die von Baschar versprochenen Veränderungen wurden auf wirtschaftliche Maßnahmen reduziert, die seine Berater die »chinesische Option« nannten.

»Die soziale Marktwirtschaft«

Diese »Option« bestand darin, die Kontrolle über das politische Feld zu behalten, es mit Hilfe des Sicherheitsapparates, des Not-

rung« oder »Jugoslawisierung« Syriens warnten, wenn die Situation nicht »unter Kontrolle gebracht« werde.

32 Der Sicherheitsapparat verhaftete außerdem den Wirtschaftswissenschaftler Aref Dalila, den Rechtsanwalt Habib Issa, den Arzt Walid al-Bunni, den Ingenieur Fawwaz Tello und den Abgeordneten Maamoun Homsi aus Damaskus. Einige von ihnen verbrachten mehrere Jahre im Gefängnis, bei Dalila waren es sieben Jahre.

33 Das Regime nutzte damals das mangelnde internationale und regionale Interesse an den Geschehnissen in Syrien aus, da sich die Welt auf die Anschläge vom 11. September und dann auf den Krieg in Afghanistan konzentrierte. Es nutzte auch das Scheitern der Verhandlungen zwischen den Palästinenser*innen und den Israelis, das zur zweiten Intifada führte, um seine Rhetorik gegen den »zionistischen Feind« fortzusetzen und damit einer bestimmten Kategorie der arabischen öffentlichen Meinung zu gefallen, die die Levante aus der Ferne beobachtete.

standsgesetzes und des Artikels 8[34] der Verfassung abzusperren und sich in Richtung einer Marktwirtschaft zu bewegen, die mit einem Überbleibsel des paternalistischen baathistischen Sozialismus eingefärbt war.[35]

So wurden Einschränkungen in allem aufrechterhalten, was die öffentlichen Freiheiten berührte, während den Mitgliedern der Familie des Präsidenten und ihm Nahestehenden grünes Licht gegeben wurde, die neuen – oder privatisierten – Wirtschaftssektoren zu monopolisieren, seien es Mobilfunknetze und das Internet, Bankdienstleistungen oder Kreditkarten, Ketten von Touristikunternehmen mit Restaurants und Transportunternehmen oder die Öl- und Gasindustrie und die Agrar- und Ernährungswirtschaft. Rami Makhlouf ist der Geschäftsmann, der am meisten von diesen Privilegien profitiert hat und der (direkt oder indirekt) mehr als die Hälfte der syrischen Wirtschaft kontrolliert.

Gleichzeitig wurde die Eröffnung von Freizonen genehmigt, mit einem Programm zur Modernisierung der »Industriestädte und -regionen«, die sofort unter die Kontrolle derjenigen fielen, die Baschar und seinem Bruder Maher nahestanden. Dieselben Menschen profitierten vom Handel und Verkehr mit dem Irak, der zu dieser Zeit unter UN-Sanktionen stand, dank des Programms »Öl für Lebensmittel« (von 2001 bis 2003). Ein massiver Zustrom von chinesischen Billigprodukten überschwemmte den syrischen Markt und schädigte die lokale Klein- und Mittelindustrie schwer. Gleichzeitig wurde die Unterstützung für die Landwirtschaft drastisch reduziert, wobei 50 Prozent der ihr gewährten Kredite auf den privaten Sektor übertragen wurden.

Diese neue Agrarpolitik führte zusammen mit der über mehrere Jahre in Folge herrschenden Dürre zu einer Reduktion der Anbaufläche. Entsprechend wurden viele Grundstücke zum Verkauf angeboten, was zu großen Abwanderungswellen aus meh-

---

34 In der alten Version der Verfassung von 1973 legt dieser Artikel die führende Rolle der Baath-Partei fest. In der neuen Version von 2012 ist stattdessen von Pluralismus die Rede. [A.d.Ü.]

35 Die Transformation hatte bereits in den 1990er Jahren, nach dem Fall der Berliner Mauer, langsam begonnen und beschleunigte sich nach dem Jahr 2000.

reren Regionen führte, die von Landwirtschaft und Viehzucht lebten und deren Bewohner*innen sich andere Arbeitsplätze in den Großstädten und deren Vororten suchen mussten, wo Elendsgürtel und informelle Wohnsiedlungen entstanden.[36]

Die Auswirkungen der Krisen im Irak und im Libanon

Das Jahr 2004 war von wichtigen Entwicklungen sowohl innerhalb Syriens als auch in seiner unmittelbaren Nachbarschaft geprägt. Der Einmarsch der USA in den Irak 2003 und der Sturz des Regimes von Saddam Hussein beunruhigte das syrische Regime aufgrund von Bushs Rhetorik zur Demokratie. Dies veranlasste das Regime einerseits zu einer Annäherung an Teheran und andererseits dazu, die Beziehungen seiner Geheimdienste zu den salafistischen dschihadistischen Netzwerken zu aktivieren und deren Ausschleusung in Richtung Irak zu erleichtern, mit dem Ziel, eine Spannung aufrechtzuerhalten, die die Amerikaner erschöpfen und sie dazu bringen sollte, sich der syrischen Führung anzunähern, anstatt sie zu bedrohen.

Der Zustrom von Hunderttausenden Iraker*innen nach Syrien aufgrund der Unsicherheit in ihrem Land setzte den Immobilienmarkt erheblich unter Druck. Die seit Jahren stetig steigenden Mieten beflügelten den Immobiliensektor und stimulierten Investoren.

Im März desselben Jahres feierten die Kurd*innen von Qamischli die Gründung des föderalen Regimes im Irak und forderten die Zentralmacht in Damaskus heraus. Als es dann in der Stadt Qamischli zu Zusammenstößen zwischen kurdischen Anhängern ihrer Fußballmannschaft (al-Dschihad) und arabischen Jugendlichen aus Deir ez-Zor, die ihre Mannschaft (al-Futowa) mit politisch und national provokativen Parolen unterstützten, kam, reagierte der Sicherheitsapparat äußerst brutal, griff die kurdischen Jugendlichen an und tötete Dutzende. Dies führte zu einem allgemeinen Aufstand der Kurd*innen von Qamischli gegen die jahrzehntelange Politik der Ausgrenzung und Unterdrü-

36 Zehntausende Menschen aus dem Osten und Nordosten zogen in die Vororte von Damaskus und Aleppo sowie in die Küstengebiete, insbesondere Latakia und Umgebung.

ckung, der sich bis zu den kurdischen Vierteln von Aleppo und Damaskus ausweitete. Sie zerstörten sogar Statuen von Hafiz al-Assad und setzten das Hauptquartier der Baath-Partei in Brand. Dieser Aufstand dauerte mehrere Tage und endete erst, als das Regime Hunderte von Demonstrant*innen tötete, verhaftete und folterte, während es Maßnahmen versprach – die nie in Kraft traten –, um die Diskriminierung der Kurd*innen abzubauen.

Anfang September 2004 sah sich Assad der größten Bedrohung seiner Hegemonie im Libanon gegenüber, als der Sicherheitsrat der Vereinten Nationen die Resolution 1559 verabschiedete, die den Abzug aller ausländischen Streitkräfte aus dem Libanon, die Auflösung der Milizen und die Achtung der libanesischen Verfassung und Institutionen forderte.[37] Diese Resolution war eine Reaktion auf die syrische Absicht, die Verfassung zu ändern, um die Amtszeit des Präsidenten der Republik, Émile Lahoud, zu verlängern. Sie begünstigte damit die Oppositionsfront, die sich in Beirut zu bilden begann.

Das Regime beharrte auf seinem Wunsch, die Amtszeit des libanesischen Präsidenten zu verlängern, was ihm mit Hilfe seiner treuen Gefolgsleute im Parlament in Beirut gelang, während es durch seine Medien und seine Handlanger*innen eine Kampagne führte, die Rafik Hariri beschuldigte, mit Jacques Chirac gegen Syrien und den »Widerstand« (d.h. die Hisbollah) zu intrigieren. Es wurde eine neue libanesische Regierung gebildet, die die Politiker*innen zusammenbrachte, die dem syrischen Geheimdiensten gegenüber am unterwürfigsten waren, und ein Attentat auf den Abgeordneten Marwan Hamadeh verübt, der dem Drusenführer und Chef der Progressiven Sozialistischen Partei, Walid Dschumblat[38], nahestand (der auch be-

37 Die Resolution 1559 spiegelte eine französisch-amerikanische Vereinbarung wider (und eine Versöhnung zwischen Paris und Washington nach der Krise, die durch Frankreichs Widerstand gegen den Irak-Krieg verursacht worden war), die »syrische Ära im Libanon« (die seit dem Ende des Bürgerkriegs 1991 andauerte) zu beenden und die Hisbollah und die mit Damaskus verbundenen palästinensischen Organisationen zu entwaffnen.

38 Walid Dschumblat war gegen die Verlängerung von Lahouds Mandat und die damals von Damaskus verfolgte Politik. Walid ist der Sohn von Kamal Dschumblat, dem Führer der libanesischen Linken, der 1977 ermordet wurde. Hafiz al-Assad hat bei seinen zahlreichen Treffen mit libanesischen

schuldigt wurde, eine Rolle bei der Annahme der UN-Resolution gespielt zu haben). Hariri selbst wurde am 14. Februar 2005 im schwersten Anschlag mit den meisten Toten seit dem Ende des libanesischen Bürgerkriegs ermordet.

Nach der Ermordung des ehemaligen Regierungschefs kam es in Beirut zu massiven Demonstrationen gegen die syrische Militär- und Sicherheitspräsenz im Libanon, die in der Demonstration am 14. März gipfelten, an der eine Million Menschen teilnahmen.[39] Assad geriet auch unter zunehmenden globalen und regionalen Druck, der ihn im April zum Rückzug seiner Truppen aus dem Libanon zwang. Der Sicherheitsrat verabschiedete daraufhin Resolutionen zur Einsetzung einer internationalen Untersuchungskommission zur Ermordung Hariris sowie eines Sondertribunals zur Verfolgung des Falles. Der Chef des syrischen Geheimdienstes und Innenminister, General Ghazi Kanaan, beging Selbstmord in Damaskus (oder wurde ermordet), und die Mehrheit der arabischen Golfstaaten boykottierte Assad, ebenso wie Frankreich, Großbritannien und die Vereinigten Staaten, die ihre Botschafter zurückriefen und die Namen vieler libanesischer und syrischer Beamter auf die internationalen Sanktionslisten setzten.

Diese Entwicklungen hatten mehrere Konsequenzen. Einerseits rückte Syrien näher an seinen iranischen Verbündeten heran. Andererseits wurde der syrische Sicherheitsapparat so gestärkt, dass er die gesamte Region bedrohen konnte, sollte der Druck auf das Regime anhalten. Der Zustrom armer syrischer Arbeitskräfte in den Libanon nahm ab und die Arbeitslosigkeit in Syrien zu. Die Offiziere und Geschäftsleute konnten nicht mehr von ihren Vorstößen in verschiedene libanesische Wirtschaftsprojekte profitieren, auch nicht von den mafiösen Abga-

---

Politikern, darunter Walid Dschumblat, nie seine Verantwortung für das Attentat geleugnet.

39 In gewisser Weise war diese Demonstration eine Antwort auf eine große Demonstration, die eine Woche zuvor von der schiitischen Hisbollah organisiert wurde, um »Assads Syrien« zu danken. Beide Demonstrationen spiegelten die politische und konfessionelle Spaltung des Landes wider und läuteten eine neue Phase im Kampf um die Macht und die Definition der politischen Rolle des Libanon in der Region ein.

ben, die sie eintrieben. Einige wurden sogar gezwungen, ihr Vermögen von Beirut nach Dubai zu transferieren.

Die Erklärung von Damaskus und die Erklärung Beirut-Damaskus / Damaskus-Beirut

In der Zwischenzeit trafen sich Mitglieder der syrischen Opposition, darunter auch Persönlichkeiten des abgebrochenen »Damaszener Frühlings«, um eine neue Erklärung zu verabschieden, die als »Damaszener Erklärung für demokratischen Wandel« bekannt ist. Die Unterzeichner*innen verpflichteten sich, mit allen Teilen der syrischen Gesellschaft zusammenzuarbeiten, um »das totalitäre Regime zu beenden und Syrien zur Demokratie zu führen«. Auf diese Erklärung folgte die Wiederbelebung einiger Foren, die 2001 geschlossen worden waren, und eine libanesisch-syrische Erklärung, die 2006 von Intellektuellen und politischen Aktivist*innen unterzeichnet wurde und zur Demokratisierung und zur Eröffnung eines neuen Kapitels in den Beziehungen zwischen den beiden Ländern auf der Grundlage von Kooperation und gegenseitigem Respekt für die nationale Unabhängigkeit aufrief.

Die Reaktion des syrischen Regimes ließ nicht lange auf sich warten. Es verhaftete viele der Anführer*innen der »Damaszener Erklärung« und der Unterzeichner*innen der syrisch-libanesischen Erklärung und verurteilte sie zu Haftstrafen von bis zu fünf Jahren.[40] Das Regime verhaftete auch eine Reihe von Student*innen und Jugendlichen in Aleppo, Damaskus und Hama wegen »Aktionen gegen die Ziele der Baath«, auch sie wurden zu mehrjährigen Haftstrafen verurteilt.

Damit verhinderte das Regime erneut jede innenpolitische Debatte und jede friedliche Widerstandsaktion. Es verstärkte seine Unterdrückungspolitik und setzte sein regionales Spiel fort, zwischen der Unterstützung des dschihadistischen Terro-

---

40 Unter den Inhaftierten: Dr. Fida Akram Haurani, der Vorsitzende der Erklärung, Riad Seif, sowie die Schriftsteller Michel Kilo, Ali Abdallah, Fayez Sara, Ali al-Shehabi und Akram Bounni, der Anwalt Anwar Bounni und die politischen Aktivisten Mahmoud Issa, Sulayman Choummar, Ahmad Tohmé, Jaber Choufi, Mohammad Ali Abdallah, Omar Ali Abdallah.

rismus im Irak und einer Einschüchterungspolitik im Libanon, wo es weiterhin seine Gegner*innen ermordete.[41] Es nutzte auch die Folgen des Krieges zwischen der Hisbollah und Israel im Libanon im Juli 2006 und der blutigen Konfrontation im Mai 2007 zwischen der libanesischen Armee und einer dschihadistischen Gruppe unter der Führung von Shaker al-Absi, der aus syrischen Gefängnissen entlassen worden war und nach Nahr al-Bared ging, einem palästinensischen Flüchtlingslager im Norden des Libanon.

All diese Ereignisse fanden in einer Zeit statt, in der die wirtschaftlichen Auswirkungen der aufeinanderfolgenden Politiken seit dem Jahr 2000 zu spüren waren. Die Armutsquote stieg stetig an (laut UNDP auf etwa ein Drittel der Bevölkerung). Die östlichen Regionen waren am stärksten betroffen, und die Inflation sowie der Anstieg der Preise, insbesondere für Immobilien, drängten einen Teil der Mittelschicht dazu, sich in den Vorstädten, vor allem in Damaskus, niederzulassen, während die Landflucht in ebendiese Vorstädte weiter anhielt, wobei die Landwirtschaft weiterhin im Niedergang begriffen war.

Versöhnung und Rückkehr in die internationale Gemeinschaft

Gegen Ende des Jahres 2008 beschlossen Paris, London und Washington, ihre Beziehungen zu Syrien zu normalisieren und ihre diplomatischen Vertretungen in Damaskus wiederzueröffnen, da sie glaubten, dass es besser sei, einen Dialog mit Baschar al-Assad zu führen, um ihn von Teheran fernzuhalten, als ihn weiterhin zu boykottieren. Zumal die Lage in der Region instabil war und die Ermittlungen in der Hariri-Affäre noch keinen Abbruch der Beziehungen zum syrischen Regime erforderten. Die

---

41 Zu ihnen gehörte der Historiker, Journalist und linke politische Aktivist Samir Kassir, die libanesische Stimme, die am beharrlichsten die Verbindung zwischen libanesischer Unabhängigkeit und Demokratie in Syrien zog. Kassir wurde am 2. Juni 2005 bei einer Autoexplosion in Beirut getötet. Auf seine Ermordung folgten die von Georges Hawi (ehemaliger Generalsekretär der Libanesischen Kommunistischen Partei), dem Abgeordneten Gebran Tuéni, Herausgeber der führenden libanesischen Tageszeitung *an-Nahar*, und eine Reihe von Anschlägen auf andere Politiker*innen, Journalist*innen und Sicherheitsbeamte.

Türkei und Katar, die Assad damals unterstützten und mehr als sechs Milliarden Dollar in Syrien investierten, spielten eine wichtige Rolle bei dieser Versöhnung. So gelang es Katar, einerseits Frankreich davon zu überzeugen, dass die Wiederaufnahme der Beziehungen zu Syrien dem Land und seinem neuen Präsidenten Nicolas Sarkozy[42] eine wichtige Rolle im Nahen Osten im Rahmen seines Mittelmeerprojekts sichern würde, und andererseits die Vereinigten Staaten davon, dass die Wiederaufnahme dieser Beziehungen ihnen helfen würde, die ins Stocken geratenen »Friedensverhandlungen« zwischen Palästinenser*innen und Israelis wiederzubeleben, wie sie der neue Präsident Obama zu einer seiner außenpolitischen Prioritäten erklärt hatte.

Während der beiden Jahre 2009 und 2010 schien Baschars Situation an der regionalen und internationalen Front deutlich besser zu sein als zwischen 2003 und 2008. Sein Regime schien jeden Versuch einer innenpolitischen Aktion im Keim erstickt zu haben. Die ärmlichen Lebensbedingungen einer großen Gruppe von Syrer*innen standen im Gegensatz zum Reichtum einer Minderheit, insbesondere der Bourgeoisie in Damaskus und Aleppo, wo sich kommerzielle und touristische Projekte konzentrierten. Die neuen Reichen sowie ihre Beschützer*innen innerhalb der Sicherheitsinstitutionen und der Herrscherfamilie waren sich sicher, für immer die unbestrittenen Herren des Landes zu sein.[43]

---

42 Am 14. Juli 2008 lud Präsident Sarkozy Baschar al-Assad zur Teilnahme an der Militärparade am Nationalfeiertag ein. Der Aufenthalt Assads in Paris, gefolgt von Sarkozys Besuch in Syrien, deutete auf eine Normalisierung der Beziehungen zwischen beiden Ländern hin. Assads Besuch in Paris ging ein schreckliches Massaker im Sednaya-Gefängnis unweit von Damaskus voraus, bei dem Dutzende Gefangene, die Teile des Gefängnisses besetzt hatten, getötet wurden.

43 Mehr über die Gesellschaft und den Staat in Baschar al-Assads Syrien findet sich in: *As-Sayr 'ala qadam wahida* [*Auf einem Fuß gehen*] von Yassin al-Haj Saleh (Dar al-Adab, arabisch, 2012) ; *La Syrie au présent*, eine kollektive Arbeit, die politische, wirtschaftliche, soziale, demografische und kulturelle Studien über die Situation und die Aussichten in den ersten fünf Jahren der Baschar-Ära zusammenfasst (Actes Sud, Arles 2007, koordiniert von Baudouin Dupret, Zouhair Ghazzal, Youssef Courbage und Mohammad Al-Dbiyat); *L'exception syrienne* von Caroline Donati (La Découverte, Paris 2009).

»Assads Syrien« und die Auslöschung des Inneren

All diese Fakten zur inneren Situation im ersten Jahrzehnt der Herrschaft von Baschar al-Assad und in den dreißig Jahren der Präsidentschaft seines Vaters wurden im Ausland jedoch nur von Spezialist*innen erkannt und beschrieben, denn sie wurden durch die geostrategische Position Syriens in den Konflikten, die im Nahen Osten tobten, und durch die Rollen, die Hafiz al-Assad im Namen Syriens einnahm, verdeckt. Es wäre nicht übertrieben zu sagen, dass diese Verschleierung das Hauptmittel war, um Syrien in den Augen der Welt und zum Nachteil seines Volkes auf »Grenzen« oder auf eine regionale »Funktion« zu reduzieren.

Hafiz al-Assad verfolgte dieses Ziel auch nach dem Krieg im Oktober 1973, den er als »Befreiungskrieg« bezeichnete, obwohl die Golanhöhen, die im Juni 1967, als er Verteidigungsminister war, von Israel erobert wurden, weiterhin besetzt blieben. Drei Jahre später, 1976, marschierten seine Truppen in den Libanon ein, um Jassir Arafat zu schwächen und die PLO einzukreisen, die sich dort politisch und militärisch etabliert hatte. Sein Ziel war es, seine Macht über das Land auszuweiten, das er als einen Ort sah, an dem er regionale und internationale Rechnungen begleichen konnte. Außerdem war es die Gans, die die goldenen Eier legte, die es ihm erlaubten, Dividenden an seinen Sicherheitsapparat zu verteilen.

Während er ab 1979 gegen islamische und linke Kräfte vorging, die sich seinem Regime widersetzten, festigte Assad seine Beziehungen zu Moskau und den Golfstaaten, die ihn mit erheblichen finanziellen Mitteln unterstützten. Gleichzeitig verbündete er sich nach der Islamischen Revolution mit dem Iran, um seinen irakischen Feind (und Mitstreiter) Saddam Hussein besser unter Druck setzen zu können und seine Dienste als Vermittler zwischen Khomeini und Saudi-Arabien sowie den westlichen Ländern, die Teheran feindlich gegenüberstanden, anzubieten. Diese Politik war in den 1980er Jahren mit der Gründung der Hisbollah in der libanesischen Bekaa-Ebene, in die die iranischen Revolutionsgarden über Damaskus eindrangen, von

Erfolg gekrönt. Es folgten Krisen, Vermittlungen, mehrere Geiselnahmen von Westlern und Verhandlungen mit Paris, London, Washington und Riad, begleitet von Anschlägen, die manchmal über die libanesischen Grenzen hinausgingen.

Darüber hinaus nutzte Hafiz al-Assad die Kurdenfrage, indem er der PKK erlaubte, sich im Nordosten Syriens niederzulassen, um die Türkei zu erpressen, während die Kurd*innen Syriens unterdrückt wurden. Zehntausenden von ihnen wurde die syrische Staatsbürgerschaft aberkannt, und sie wurden all ihrer kulturellen und politischen Rechte beraubt.

Nachdem er in den 1990er Jahren an der Seite der Amerikaner und ihrer Verbündeten am Krieg gegen Saddam Hussein, der in Kuwait einmarschiert war, teilgenommen und sich auf Friedensverhandlungen mit Israel eingelassen hatte, übernahm Hafiz al-Assad mit internationalem Segen den Libanon. Dort unterstützte er die Hisbollah, der es gelungen war, die »nationale« Frage, d.h. den Kampf gegen die israelische Besetzung des Südlibanon, zu monopolisieren. Er erleichterte die Lieferung von iranischen Waffen durch Syrien. Wann immer es zu einem Schusswechsel zwischen der israelischen Armee und der Hisbollah außerhalb der besetzten Zonen kam, fungierte Assad als Vermittler in direktem Kontakt mit Washington bei den internationalen Bemühungen um einen Waffenstillstand. Die beiden Vereinbarungen vom Juli 1993 und April 1996 sind Beispiele dafür. Dies geschah zu einer Zeit, als die Medien in Damaskus die Palästinensische Autonomiebehörde für die Unterzeichnung eines Friedensabkommens geißelten und das Loblied auf Assads Politik gegen jede »Kapitulation vor dem Feind« sangen, während an der Golanfront Ruhe und Stabilität herrschten.

So wurde Syrien zum »regionalen Paten« und zu einem unvermeidlichen Pol in internationalen Verhandlungen. Die syrische Gesellschaft hingegen war unsichtbar, sowohl aufgrund der internen Repression als auch aufgrund des internationalen Interesses, das sich ausschließlich auf die regionale Rolle Syriens konzentrierte. Deshalb deutete die Bezeichnung »Assads Syrien« neben der Bindung eines ganzen Landes an eine Herrscherfamilie auch darauf hin, dass dieses Land genötigt war, die von Assad und von ihm allein beschlossenen externen Rollen zu übernehmen.

Diese Rolle setzte sich auch nach der Machtübernahme durch den Sohn im Jahr 2000 fort, dank einiger bereits erwähnter internationaler Entwicklungen.[44] So sehr, dass Syrien am Vorabend des Jahres 2011 als ein Land ohne »einfache Menschen« und ohne eine komplexe, plurale Gesellschaft mit eigenen Besonderheiten und Widersprüchen erschien. Es war, in den Worten des Schriftstellers Yassin al-Haj Saleh[45], eines Oppositionellen und ehemaligen politischen Gefangenen, eine Art »Black Box«, die zu lange verschlossen war.

---

44 Für ein besseres Verständnis der Außenpolitik von Vater und Sohn Assad, siehe das Buch von Bente Scheller, *The wisdom of Syria's waiting game*, Hurst Publishers, London 2013.

45 Al-Haj Saleh verbrachte 16 Jahre im Gefängnis wegen seiner Mitgliedschaft in der Kommunistischen Partei. Nach seiner Entlassung etablierte er sich als einer der besten syrischen und arabischen politischen Schriftsteller. Eines seiner Bücher, das 2010 auf Arabisch erschien, trägt den Titel *Sourya min al-Zhel: Nazharat dakhil as-sondouq al-aswad* [*Syrien aus dem Schatten. Einblicke in die Black Box*].

2

Revolution und Barbarei[46]

Im Laufe des Monats Februar und der ersten Märzhälfte 2011 gab es in Syrien eine Reihe von Initiativen von Aktivist*innen, Schriftsteller*innen und Anwält*innen, die in den laufenden arabischen Revolutionen etwas sahen, das ihre Hoffnungen nährte. Sie organisierten zum Beispiel in Damaskus zwei Solidaritätsveranstaltungen mit dem ägyptischen und libyschen Volk und nahmen ihre Versuche wieder auf, Sitzstreiks vor dem Innenministerium abzuhalten, um die Freilassung von politischen Gefangenen zu fordern.

Damaskus war auch zum ersten Mal seit vielen Jahren Schauplatz von zwei Demonstrationen. Eine, am 16. Februar, war spontan und eine Reaktion der Ladenbesitzer von Hariqa und ihrer Nachbar*innen auf den Angriff auf einen der Ihren durch Polizisten. Bei dieser Demonstration tauchte zum ersten Mal der Slogan »Das syrische Volk kann nicht gedemütigt werden«[47] auf. Die zweite Demonstration fand am 15. März vor der Umayyaden-Moschee statt. Sie war jedoch geplant. Sie forderte einfach Freiheit, und manche sehen darin den ersten Funken der Revolution.

Die Behörden reagierten, indem sie viele Aktivist*innen verhafteten und andere brutal verprügelten.

---

46 Am Ende dieses Kapitels ist eine Zusammenfassung für die Jahre 2014–2020 hinzugefügt worden.

47 An diesem Tag kam der Innenminister persönlich, um zu versuchen, die Lage zu beruhigen. Als er die von den Demonstrant*innen skandierten Parolen hörte, wandte er sich drohend an sie: »Achtung, junge Leute, Achtung! Dies ist eine Demonstration!« (Eine Art, sie daran zu erinnern, dass der Ausnahmezustand jede Demonstration oder Versammlung verbietet).

»Aus dem Hauran kommen die Omen«[48]

Zwei Wochen vor der Demonstration an der Umayyaden-Moschee in der Hauptstadt schrieben Schüler einer Schule in Daraa, in der Region Hauran im Süden Syriens, regimefeindliche Slogans an eine Wand. Der Gouverneur, Faisal Kalthum, und der Leiter der politischen Sicherheit in der Region, Atef Nadschib, Baschar al-Assads Cousin mütterlicherseits, gaben den Befehl, sie zu verhaften und zu foltern. Die Kinder wurden trotz zahlreicher Bitten ihrer Familien nicht freigelassen. Die Dinge wurden noch schlimmer, als Nadschib eine Delegation von Honoratioren aus Daraa, darunter die Väter der Kinder, demütigte[49], die mit ihm verhandeln wollten. Die ganze Stadt wurde von einem Gefühl der Wut ergriffen. Am 18. März versammelten sich Tausende von Demonstrant*innen mit politischen Slogans, die die grausame Bestrafung der inhaftierten Kinder[50] mit der Repression im Land und der Verschlechterung der Lebensbedingungen in Verbindung brachten, vor der Hauptmoschee der Stadt.[51] Diese Demonstrationen wurden von den »Ordnungskräften« und Geheimdienstagenten direkt beschossen. Drei junge Menschen wurden getötet: die ersten drei Märtyrer[52] der sy-

48 Die Demonstrant*innen wiederholten diesen Slogan während der ersten Monate der Revolution und verwiesen auf den Widerstand der Stadt Daraa, der von den anderen Städten des Hauran unterstützt wurde und eine entscheidende Rolle bei der Umwandlung einer »lokalen« Revolte in eine nationale Revolution spielte.

49 Er sagte ihnen wortwörtlich: »Vergesst eure Kinder und geht und macht andere. Andernfalls schickt uns eure Frauen, meine Männer werden wissen, wie man sie besser erziehen kann.«

50 Die Kinder wurden ab dem 20. März nacheinander entlassen. Die meisten von ihnen stammten aus der Familie Abazid. Sie trugen Spuren schrecklicher Folter, was den Unmut der Angehörigen gegen die Behörden noch verstärkte.

51 Im Fall von Daraa führten die Krise in der Landwirtschaft aufgrund der Dürre, die Kürzung der staatlichen Beihilfen, der Rückgang der Handelsaktivitäten, die Beherrschung der profitablen Sektoren durch eine Oligarchie und der Rückgang der Kaufkraft der Beamten zu einem erheblichen Absinken des Lebensstandards.

52 Der Autor verwendet an dieser Stelle einen im Arabischen durchaus üblichen Begriff (arabisch: schahid [Plural: schuhada]). Er wird auch außerhalb religiöser Zusammenhänge verwendet [A.d.Ü.].

rischen Revolution.[53] Zwischen dem 19. und dem 24. desselben Monats war der gesamte Hauran Schauplatz zahlreicher Demonstrationen zur Unterstützung von Daraa. Die politischen Slogans richteten sich gegen Rami Makhlouf, Maher al-Assad und lokale Beamte, die der Korruption beschuldigt wurden. Riesige Porträts von Baschar wurden verbrannt und eine Statue seines Vaters wurde abgerissen. Auch das Hauptquartier der Baath-Partei wurde geplündert, ebenso wie die Büros der Firma Syriatel, die Makhlouf gehört. Während dieser Demonstrationen wurden Dutzende von jungen Menschen von den »Sicherheitskräften« erschossen, und jedes Begräbnis wurde zu einer noch gewaltigeren Demonstration als die vorherige.[54]

Ab dem 25. März breiteten sich die Demonstrationen in Solidarität mit Daraa auf viele Teile Syriens aus[55] und erreichten ihren Höhepunkt am 22. April mit dem Beginn von Dutzenden von Märschen in ganz Syrien an einem Tag, den Aktivist*innen »Karfreitag« nannten, weil er mit der christlichen Karwoche zusammenfiel. Die Liste der getöteten Demonstranten zeigt, dass sich der Aufstand und die Repression auf die Regionen Daraa, Rif Dimashq (»Damaskus-Land«: die Vororte, Vorstädte, Städte und Dörfer, die administrativ zu Damaskus gehören), Homs, Deir ez-Zor, Banias und Latakia und generell auf die Armenviertel konzentrierten. Diese Demonstrationen forderten Freiheit und den Sturz des Regimes. Die Forderungen waren also in erster Linie politisch, trotz der sozioökonomischen Schwierigkei-

53 Diese ersten Märtyrer der Revolution waren Houssam Ayache, Mahmoud Jawabra (Daraa) und Ayham Hariri (Hirak), gefolgt zwei Tage später von Raafat Krad und dem Jungen Moumen Massalame (Daraa). Die erste Märtyrerin war ein Mädchen aus Daraa, Ibtissam Massalame.

54 Um den Aufstand in Daraa zu feiern und die Erschießung von Bürger*innen anzuprangern, schuf Samih Choukair (ein engagierter linker Sänger) ein Lied mit dem Titel »Ya Haif« (Oh Schande), das schnell zu einem der emblematischsten Werke der Revolution und zu einem der repräsentativsten für ihre Ursprünge im Hauran wurde.

55 Am 3. April versammelte sich in Duma (in Ost-Ghouta) die größte Menschenmenge in diesem Zeitraum. Zehntausende Einwohner*innen und Aktivist*innen strömten aus mehreren Regionen Syriens dorthin, um den Trauerzug für die Märtyrer zu begleiten, die am Tag zuvor, am 1. April, den »Sicherheitskräften« zum Opfer gefallen waren.

ten, unter denen die große Mehrheit der Demonstrant*innen litt.[56]

Die Tage des 18. und 22. April waren von zwei besonders wichtigen Ereignissen geprägt. Am ersten Tag versammelten sich Zehntausende von Bürger*innen in Homs auf dem Uhrenplatz, um ein offenes *Sit-in* nach dem Vorbild des Tahrir-Platzes in Kairo zu organisieren. Doch Sicherheits- und Geheimdienstkräfte sowie *Shabiha* (bewaffnete Männer, die im Auftrag des Regimes arbeiten) griffen die Versammlung am Abend an und schossen in die Menge, wobei mehr als hundert Menschen getötet wurden. Nach diesem Massaker trieben sie die Demonstrant*innen auseinander und besetzten den Platz.[57] Am zweiten Tag (22. April) verließen Menschenmengen Rif Dimashq (aus Saqba, Duma, Hamurie, Kfarnabta, Zamalka, Irbin, Harasta, Dschisrin und anderen) und durchquerten Dschubar in Richtung des Abbasidenplatzes in der Hauptstadt, um zu versuchen, diesen zu besetzen. Als sie in Zablatani ankamen, eröffnete die Polizei das Feuer, tötete und verletzte innerhalb weniger Minuten Dutzende von Menschen und verhaftete Dutzende weitere. So wurde der zweite Versuch, einen großen städtischen Platz zu besetzen, um ein friedliches offenes *Sit-in* abzuhalten, in Blut ertränkt.

Gleichzeitig führte die Armee des Regimes eine Militäroperation gegen Daraa durch und besetzte es mit ihren Panzern, um jede Andeutung von Demonstrationen endgültig zu ersticken und so das Versagen der örtlichen Polizeikräfte und des Geheimdienstes wettzumachen. Die Stadt wurde einer grausamen Blockade unterworfen.

Zwischen Ende April und Ende Juli 2011 kam es in den meisten Regionen Syriens zu Demonstrationen und Begräbnissen

---

56 Der Slogan: *»Hey Buthaina, hey Shaaban, das syrische Volk hat keinen Hunger«*, als Antwort auf den Vorschlag von Assads Beraterin, die Gehälter zu erhöhen und den Ärmsten etwas Hilfe zukommen zu lassen, drückte deutlich die im Wesentlichen politische Tragweite der Demonstrationen aus.

57 Zeug*innen sagen, dass die Blutlachen von den Behörden absichtlich bis zum nächsten Morgen nicht beseitigt wurden, um Terror zu erzeugen. Sie wurden erst nach dem Abtransport der Leichen, von denen einige noch nicht an die Familien zurückgegeben worden sind, mit Wasser weggespült.

von Märtyrer*innen, immer mit den gleichen Forderungen: Freiheit, Würde und Sturz des Regimes. Die arabischen und internationalen Medien begannen, Bilder und Filme zu senden, die von Bürger*innen, die zu Reporter*innen geworden waren, ins Internet gestellt wurden. Diese Zeit war besonders von riesigen Demonstrationen geprägt, den größten der syrischen Revolution. In der Stadt Hama kamen an mehreren Freitagen Menschenmengen von 300.000 Demonstrant*innen aus allen Ecken der Stadt und den umliegenden Dörfern. In Deir ez-Zor versammelten sich bei den Demonstrationen mehr als 200.000 Menschen. In Homs, Idlib, Qamischli, Amuda und Darayya (südlich von Damaskus), Duma (nordöstlich der Hauptstadt), der Universität von Aleppo, Banias und Latakia, dem palästinensischen Flüchtlingslager al-Raml in dieser Stadt, Dschableh, Salamiyya und anderen Städten und Ortschaften gab es mächtige Demonstrationen – mehr als hundert pro Tag und bis zu dreihundert am »Freitag der politischen Gefangenen«, dem 15. Juli[58], während die Zahl der Teilnehmer*innen am 22. desselben Monats (dem »Freitag von Khaleds Enkeln«) die Schwelle von einer Million erreichte.[59]

58 Verschiedene Gruppen von Jugendlichen organisierten Demonstrationen. Einige von ihnen hatten bereits Erfahrung mit klandestiner Opposition an den Universitäten, andere lernten sich zu Beginn der Revolution kennen, wieder andere standen linken oder nationalistischen Parteien in Daraa, dem Damaszener *Rif* und Homs nahe. Gruppen wurden manchmal bei regelmäßigen Treffen in den Moscheen gebildet. Die meisten von ihnen hatten eine islamische Ausrichtung. Die Mehrheit der Demonstrant*innen hatte jedoch keine direkten Verbindungen zu bestehenden Organisationen und Gruppen. Die Freitage wurden als revolutionäre Aktionstage bestimmt, weil sie arbeitsfreie Tage sind und die Menschen sich in den Moscheen versammeln konnten, bevor sie demonstrieren gingen. Wir werden darauf zurückkommen. Jedem Freitag wurde ein Name gegeben, um die Slogans zu vereinheitlichen. Diese Namen drückten die politischen Forderungen und ideologischen Neigungen ihrer Autor*innen aus und waren manchmal Gegenstand von Streitigkeiten und Konflikten zwischen Aktivist*innen.

59 In diesem Sinne war der prozentuale Anteil der Teilnahme an den Demonstrationen in Syrien in diesem Zeitraum im Verhältnis zur Einwohnerzahl (21 Millionen) höher als bei den Demonstrationen in Ägypten, Tunesien und Libyen. Dies ist umso beeindruckender, als die Reaktion der Sicherheitskräfte auf die Demonstrierenden unvergleichlich gewalttätiger war.

Während dieser drei Monate gab es beunruhigende militärische, politische und symbolische Entwicklungen vor Ort. Im Mai führte die syrische Armee Besetzungen, Verhaftungen und Bombardierungen in den beiden Departements Homs und Idlib durch, wo die Sicherheitskräfte die Kontrolle über die Situation verloren hatten.[60] Das Regime nahm damit eine Eskalation der Repression vor. Im selben Monat entstand die erste »Ikone« der syrischen Revolution, Hamza al-Khatib, ein 13-jähriger Junge, der seinen Vater am 29. April zu einer Demonstration von seiner Stadt al-Dschiza nach Daraa begleitet hatte, um der unter Blockade stehenden Bevölkerung Lebensmittel zu bringen. Er wurde auf dem Weg dorthin, unweit des Offizierslagers in Saida, festgenommen und von den Sicherheitskräften zu Tode gefoltert. Seine Leiche wurde geschändet, bevor sie einige Wochen später an seine Familie zurückgegeben wurde.

Im Juni bildeten sich zwei Organe der revolutionären Aktion: die »Union der revolutionären Koordinationen«, aus der am 18. August 2011 der »Allgemeine Rat der Revolution« hervorging, und die »Lokalen Koordinationskomitees«, die am 11. Juni eine Erklärung veröffentlichten, die erste ihrer Art, die von einer Bewegung verfasst wurde, die an der Organisation der Demonstrationen und der Dokumentation der Ereignisse beteiligt war. Diese Erklärung forderte insbesondere die Aufhebung des Ausnahmezustands und die Freilassung aller politischen Gefangenen und präsentierte eine politische Vision der Zukunft Syriens, in deren Mittelpunkt die Notwendigkeit eines Übergangs zu einem demokratischen Regime und die Ablehnung des Kommunitarismus und des Geistes der Vergeltung standen.[61] Am 25. Juni wurde außerdem das »Nationale Koor-

60 Es wird später deutlich werden, wenn man die Verteilung der Massaker und Vertreibungen untersucht, dass diese Region aufgrund ihrer Geschichte (die Muslimbruderschaft war dort Anfang der 1980er Jahre aktiv) und ihrer zentralen geografischen Lage zwischen der syrischen Küste, wo sich die wesentlichen kommunitären Basen der Regime-Kaziken befinden, und den anderen Regionen, insbesondere denen, die nach Damaskus führen, von Anfang an gezielt ausgewählt wurde, um jeden Anflug von Widerstand im Keim zu ersticken.

61 Der Bildung der »Union der Koordinationen« und der »Lokalen Koordinationskomitees« war die Einrichtung von Koordinationen in Dörfern und

dinationskomitee für Demokratischen Wandel« gegründet, das Parteien und Persönlichkeiten der linken und nationalistischen Opposition sowie mehrere kurdische Parteien zusammenbrachte und ein Programm für Reformen und Veränderungen in Syrien vorschlug.

Im selben Monat gab es zwei Fälle von Abtrünnigkeit innerhalb der Armee. Der erste war der des Unteroffiziers Abel-Razzaq Tlass[62], gefolgt von dem des Oberstleutnants Hussein Harmoush[63], der sich mit seinen Soldaten weigerte, auf die Demonstrierenden zu schießen. Harmoush gründete die Freie Offiziersbrigade.[64] Am 7. Juni kam es zum ersten größeren Zusammenstoß zwischen den Dissidenten und einer Armeeeinheit, die sich auf dem Weg zum Angriff auf Dschisr asch-Schughur (Idlib-Land) befand. Die Bombardierung dieses Gebietes durch die Armee löste den ersten Exodus in die Türkei aus. Vorausgegangen waren einige Fluchtbewegungen von Tel Kalakh, Homs-Land, in den Libanon.

---

in den Stadtteilen einiger Städte vorausgegangen, um die Veranstaltungen per E-Mail und Skype zu organisieren und zu verwalten. Die Entscheidung zur Zusammenlegung wurde getroffen, um die Arbeit zu optimieren, aber Meinungsverschiedenheiten über bestimmte politische und organisatorische Fragen führten zur Bildung von zwei getrennten Gremien. Die Aktivist*innen beider Formationen waren der Verhaftung, Folter und Hinrichtung durch den Sicherheitsapparat des Regimes ausgesetzt. Die Mehrheit wurde in den Untergrund gezwungen und zog oft an andere Orte, um der Inhaftierung oder dem Tod zu entgehen.

62 Zuvor waren im April vereinzelte Fälle von Ungehorsam in Daraa und Harasta beobachtet worden (mit Schusswechseln zwischen Dissidenten und ihren ehemaligen Kameraden in der Armee des Regimes). Medizinische und gerichtliche Berichte aus dieser Zeit bezeugen auch den Tod von Soldaten, die von ihren Offizieren summarisch hingerichtet wurden, weil sie sich weigerten, auf Demonstrant*innen zu schießen.

63 Oberstleutnant Harmoush verließ Syrien später in Richtung Türkei. Doch dem Assad-Regime gelang es, ihn am 29. August 2011 gefangen zu nehmen, indem es ihn in ein grenznahes Gebiet lockte (mit wahrscheinlicher Komplizenschaft von Akteuren innerhalb der Türkei). Er wurde am 15. September im Fernsehen des Regimes in Damaskus gezeigt, sein Gesicht von Folterspuren gezeichnet, und ist seitdem verschwunden.

64 Auf Harmoushs Ungehorsam folgte eine Strafexpedition der Armee des Regimes gegen sein Dorf Ablin (im Bezirk Idlib). Seine Familie wurde auf alle möglichen Arten verfolgt, teils aus Rache, teils um jeden Offizier zu entmutigen, der versucht sein könnte, in seine Fußstapfen zu treten.

Erst im Juni begannen die Palästinenser*innen in Syrien, politisch auf die Ereignisse zu reagieren. Bis dahin hatten sie sich damit begnügt, ihre menschliche Solidarität mit ihren syrischen Nachbar*innen zu zeigen. Das Regime ließ sie dafür teuer bezahlen mit brutalen Angriffen auf die Lager von Daraa und Homs, die einen großen Teil ihrer Bewohner*innen auf die Straße warfen. Im Lager von Jarmuk, südlich von Damaskus, dem größten in der palästinensischen Diaspora, wurden bei einem großen Marsch der Empörung öffentlich Parolen gegen die mit dem Regime verbündeten Fraktionen gezeigt.[65]

So kristallisierten sich in Syrien in dieser Zeit zwei gegensätzliche Bestrebungen heraus: einerseits die der Demonstrant*innen und Aktivist*innen, die entschlossen waren, ihre Aktionen gegen das Regime fortzusetzen und die Tabus zu brechen.[66] Auf der anderen Seite die der Regierung, die entschlossen war, den Demonstrant*innen »die Knochen zu brechen«, um sich selbst zu erhalten. Es wurde unmöglich, sich auf den Straßen und Hauptplätzen der Großstädte zu versammeln. Die Aktivist*innen waren gezwungen, sich entweder für »Blitzdemonstratio-

---

65 Tausende von Bewohner*innen des Lagers Jarmuk erhoben sich am 6. Juni während der Beerdigung von einem Dutzend junger Menschen, die am Tag zuvor auf den Golanhöhen unter dem Beschuss der israelischen Streitkräfte gefallen waren, nachdem sie versucht hatten, die besetzten Gebiete zu erreichen (was einigen gelang). Während dieser Beerdigungen gab es Proteste gegen die mit Damaskus verbündeten palästinensischen Gruppierungen. Die Demonstrant*innen warfen ihnen vor, junge Palästinenser*innen in den Tod zu schicken, um von der internen Situation in Syrien abzulenken. Der Protest eskalierte und Elemente der Popular Liberation Front-General Command, angeführt von Ahmad Dschibril, eröffneten das Feuer auf den Trauerzug, töteten mehrere Menschen und verletzten andere. Seitdem hat sich die politische Spaltung über die syrische Frage innerhalb des Lagers nur noch verschlimmert, obwohl die Situation bis Mitte 2012 ruhiger blieb als in den umliegenden Vierteln. Dadurch konnten Tausende vertriebene Syrer*innen und Palästinenser*innen dort Zuflucht finden.

66 Ein Tabu brach der populäre Sänger Qaschusch aus Hama mit einem Lied, in dem er die Assads und ihre Verwandten namentlich angriff, sie verhöhnte und ihre Abdankung forderte. Qaschuschs Lied wurde in ganz Syrien und anderswo aufgegriffen. Qaschusch wurde zum Symbol für das Ende einer Ära. Kurz darauf verschwand er. Es heißt, dass ihm die Kehle durchgeschnitten wurde, was seine symbolische Aura noch verstärkte (obwohl später bekannt wurde, dass er noch lebte und es ihm gelungen war, in die Türkei zu fliehen).

nen« oder für Versammlungen in den Randbezirken zu entscheiden, die hauptsächlich von den am meisten benachteiligten Bevölkerungsgruppen bewohnt werden. Diese Tatsache sollte mit der Zeit ihre Fähigkeit schwächen, innerhalb der städtischen Gesellschaft zu rekrutieren und zu mobilisieren, insbesondere in Damaskus und Aleppo, und der syrischen Revolution eine eher »ländliche« Identität verleihen.

Ramadan 2011, der Wendepunkt der Gewalt

Am letzten Tag des Juli[67] und während der Monate August, September, Oktober und November überschritt das Regime eine neue Schwelle in seiner Gewalt gegen die Demonstrationen. Der Beginn dieser Eskalation fiel mit dem Beginn des Ramadan am ersten August zusammen. Aus wöchentlichen (jeden Freitag, gefolgt von den Beerdigungen der getöteten Demonstrant*innen am nächsten Tag) wurden tägliche Demonstrationen. Die Demonstrant*innen gingen jeden Abend nach dem Iftar (Fastenbrechen) oder dem Tarawih (Nachtgebet) hinaus, was die Zahl der Demonstrationen erheblich erhöhte.

Ab der ersten Augustwoche stürmten Panzer die Städte Hama[68] und Deir ez-Zor und besetzten die Plätze, auf denen die größten Volksversammlungen stattgefunden hatten. Gleichzeitig verstärkte die Armee ihre Operationen in anderen Städten und verhaftete Tausende von Bürger*innen in den Regionen Damaskus, Idlib und Homs. Nachdem die Situation in Dschableh und Banias unter Kontrolle war, zeigte das Regime eine beispiellose Grausamkeit gegen die Brennpunkte von Latakia und das Palästinenserlager al-Raml im Süden der Stadt, die ab Mitte August von Panzern und sogar von der Marine bombardiert wur-

67 Das Regime tötete allein an diesem Tag 120 Menschen. Aktivist*innen nannten dieses Ereignis das »Ramadan-Halbmond-Massaker«.

68 In den zwei Monaten vor dem Angriff auf Hama waren die Behörden ratlos, welche Haltung sie gegenüber dieser Stadt einnehmen sollten. Denn Hama ist aufgrund seiner tragischen Geschichte ein »Sonderfall«. Indem sie jedoch die größte Menschenansammlung der Revolution organisierte, wurde die Stadt wieder einmal zum Ziel der abscheulichsten Angriffe von Assads Schergen.

den. Damit gelang es ihm, den Protest in der Küstenregion, die als seine Hochburg und letzte Zuflucht galt, zumindest in einem gewissen Umfang zu beenden.

Die Repression richtete sich gegen Aktivist*innen, die in ihrem sozialen Umfeld einflussreich waren und einen gewaltfreien patriotischen politischen Diskurs führten.[69] So wurde der Ingenieur und politische Aktivist Maan Awdate am 8. August während einer Demonstration in Daraa ermordet. Anschließend, am 6. September, wurden Maan und Yahia Shurbaji sowie Ghiath Matar unweit ihrer Stadt Darayya verhaftet. Die Shurbaji-Brüder wurden unter der Folter getötet – obwohl Yahia, ein ehemaliger politischer Gefangener, einer der wichtigsten Verfechter der Gewaltlosigkeit in Syrien war. Die sterblichen Überreste von Ghiath Matar, der unter der Folter starb, wurden seiner Familie zurückgegeben. Am 7. Oktober wurde der kurdische politische Aktivist Maschaal Tammo, Führer der Zukunftspartei, in Qamischli ermordet. Tammo war ebenfalls ein ehemaliger Häftling, der sehr aktiv unter den Kurd*innen war, die an den Protesten beteiligt waren. Am 1. November 2011 verhafteten die Geheimdienste den Aktivisten (und ehemaligen Häftling) Mohammad Arab in Aleppo. Auch viele Ärzt*innen und Rettungshelfer*innen, die geheime Feldkliniken zur Behandlung der Verwundeten eingerichtet hatten, wurden verhaftet. Es muss gesagt werden, dass die staatlichen Krankenhäuser in Orte der Folter verwandelt worden waren, aus denen die Verwundeten nicht lebend herauskamen. Die Aussagen der befreiten Häftlinge zeugten von der extremen Barbarei, die gegen die Gefangenen praktiziert wurde.

Im gleichen Zeitraum gab es Anzeichen für eine zunehmende Militarisierung des Aufstandes, da der Dissens in den Reihen der Armee wuchs, ebenso wie die Zahl der jungen Menschen, die sich dem (in Syrien obligatorischen) Militärdienst entziehen wollten. Hunderte von ihnen bildeten militärische Einheiten, die sich unter dem Banner der Freien Syrischen Armee unter

69 Das Regime hatte bereits die Koordinatoren der friedlichen Demonstrationen in der Küstenregion ins Visier genommen und die aktivsten unter ihnen, wie Anas Shughri, verhaftet.

der Führung von Oberst Riad al-Assad zusammenfanden, der sich auch zivile Freiwillige anschlossen, die bereit waren, beim Schutz der Proteste zu helfen, sowie die Brigade der Freien Offiziere.[70]

Die Aktivist*innen waren in der Frage der Militarisierung gespalten. Einige befürchteten, dass die Revolution dadurch ihre moralische Überlegenheit verlieren oder sich in einen kommunitaristischen Krieg verwandeln würde. Sie befürchteten auch, dass das Regime sie zur Rechtfertigung seiner Gewalt benutzen und dass der Aufstand von jenen, die die Waffen liefern, vereinnahmt werden würde. Andere jedoch, wahrscheinlich eine Mehrheit, sahen keine andere Möglichkeit als den bewaffneten Kampf, da es angesichts der Besetzung von Plätzen durch Panzer, der Kontrolle des Zugangs zu Moscheen und der Blockade der aktivsten Dörfer und Stadtviertel nicht mehr möglich schien, friedlich zu demonstrieren. Sie argumentierten, dass das Regime nicht mit denen von Mubarak und Ben Ali vergleichbar sei, sondern eher mit denen von Gaddafi und Saddam Hussein, und dass es nicht unter dem einfachen Druck der Bevölkerung fallen würde. Die Debatte dauerte einige Zeit, bevor sie von der Situation vor Ort überholt wurde.

Politisch hatte die Gründung des »Syrischen Nationalrats« Mitte September einen positiven medialen und politischen Einfluss auf die öffentliche Meinung. Darunter befanden sich Vertreter der Koordinationen, ein großer Teil der oppositionellen politischen Kräfte, darunter die Muslimbruderschaft und unabhängige Islamisten, die Demokratische Volkspartei (ehemals Kommunistische Partei), Unterzeichner*innen der »Damaszener Erklärung«, Vertreter*innen der arabischen Stämme und der kurdischen politischen Kräfte sowie im Ausland ansässige politische Persönlichkeiten. Die Wahl des Akademikers und Schriftstellers Burhan Ghalioun zum Vorsitzenden dieses Rates wirkte sich äußerst positiv aus. Es war jedoch nicht möglich,

70 Bewaffnete Gruppen tauchten auch in Dörfern und ärmeren städtischen Gebieten auf, besonders in Homs. Einige dieser Gruppen engagierten sich tatsächlich für den Aufstand, aber andere waren mit Schmuggel und Entführungen für Lösegeld oder Geiselaustausch beschäftigt.

alle oppositionellen Kräfte, einschließlich des »Nationalen Koordinationskomitees«, einzubeziehen. Infolgedessen blieb die Opposition gespalten, manchmal in inhaltlichen Fragen, was es unmöglich machte, eine einheitliche Front gegen das Regime zu bilden.

In dieser Phase versäumte es der UN-Sicherheitsrat zum ersten Mal, einen festen Standpunkt gegen die Übergriffe des Regimes einzunehmen. Wiederholte russische und chinesische Vetos sollten den Rat bald völlig machtlos machen. In Ermangelung einer festen Position forderte ein Kommuniqué des Ratspräsidenten, dem eine Initiative der Arabischen Liga folgte, einen Waffenstillstand, den Rückzug der Panzer von den Straßen und die Freilassung der Gefangenen. Die Initiative scheiterte, aber Syriens Mitgliedschaft in der Liga wurde suspendiert und das Regime der Verbrechen gegen »seine Bürger*innen« beschuldigt.

Homs, eine Hauptstadt für die Revolution

Homs, die drittgrößte Stadt des Landes, wurde im Dezember 2011 sowie im Januar, Februar und März 2012 zum größten Zentrum der revolutionären Aktion. Die Viertel der Stadt vibrierten Tag und Nacht im Rhythmus der Demonstrationen. Homs war auch der Geburtsort einer neuen syrischen Ikone, Abdel Basset Sarout (ein beliebter Sänger und Torwart des Homser Clubs al-Karama und der hoffnungsvollen Nationalmannschaft). Er führte die Märsche und Kundgebungen an. Er sang und seine Anwesenheit zog Menschenmengen an, die von der Einfachheit seiner Worte, der Schönheit seiner Stimme und der Prägnanz seiner Botschaft fasziniert waren, die den Aufstand in wenigen Worten zusammenfasste: »Wir werden nicht Sklaven der Assad-Familie bleiben.« Die Demonstrationen in Homs spiegelten jedoch nur einen Aspekt der Stadt wider. Denn zur gleichen Zeit traten konfessionelle Trennlinien auf. Die alawitischen Viertel, in denen etwa ein Drittel der Einwohner*innen von Homs lebt, blieben dem Regime gegenüber loyal. Zusammenstöße mit den *Schabiha*, die die Demonstrant*innen angriffen, häuften sich und schürten die Flammen der Zwietracht. Im Stadtteil Baba Amr, im Herzen von Homs, errichteten Hunderte von Aktivist*innen und Mitgliedern der Freien Armee eine revolutionäre Basis sowie ein Pressezentrum und ein Feldlazarett.[71] Dutzende von ausländischen Journalist*innen strömten von den libanesischen Bekaa-Grenzen dorthin, um über die Erfahrungen in der »Hauptstadt der Revolution« zu berichten.

Im Februar und März 2012, während Kofi Annan seine Mission als gemeinsamer Gesandter der Vereinten Nationen und der Arabischen Liga ausführte, um eine Lösung für die »Syrien-Krise« zu finden, verübte die Armee des Regimes in Homs Massaker an Friedensaktivist*innen und ihren Familien sowie an anderen Zivilist*innen, darunter auch Kindern, in den Stadtvierteln Khalidiya, Bayyada und Karm al-Zaytun. Ein intensives, mehrwöchiges Bombardement[72] endete mit der Zerstörung und Besetzung von Baba Amr.

Während dieser Zeit wurden auch mehrere Verhaftungskampagnen gegen bekannte Jurist*innen und friedliche Aktivist*innen gestartet, um Berichte zu unterdrücken, die die Missbräuche des Regimes dokumentierten. In Damaskus wurde das Syrische Zentrum für Medien und Meinungsfreiheit gestürmt und

71 Das Feldlazarett, in dem der Arzt Mohammad al-Mohammad arbeitete, spielte mit seinen begrenzten Mitteln eine beachtliche Rolle. Die Arbeit dieses Krankenhauses und seiner Mitarbeiter*innen verkörperte eine der wichtigsten Errungenschaften der Revolution in Hinblick auf die menschliche Solidarität gegen das Regime. Das Krankenhaus wurde zusammen mit dem Pressezentrum bei einem Armee-Bombardement während des Angriffs auf das Viertel zerstört.

72 Dutzende syrische Staatsbürger*innen und zwei ausländische Journalist*innen, die Amerikanerin Mary Colvin und der Franzose Rémy Ochlik, wurden bei dem Bombenanschlag getötet, ebenso wie syrische Bürgerjournalist*innen, angeführt von Rami al-Sayyed, dessen Kollege im Pressezentrum, Ali Osman, später verhaftet wurde. Vor ihnen wurde der Journalist Gilles Jacquier unter noch ungeklärten Umständen getötet. Jacquiers Partnerin Caroline Poiron und seine Kollegen Sayed Ahmad Hamouche und Patrick Vallélian schrieben über die Tragödie in einem Buch, das auf Französisch unter dem Titel *Attentat express* (Le Seuil, Paris 2013) erschienen ist. Den Autor*innen zufolge ereignete sich Jacquiers Tod in einem Gebiet, in das er auf Drängen der Nonne Agnès de La Croix, einer aktiven Vertreterin der Assad-Propaganda, gefahren war.

sein Direktor, Mazen Darwish, zusammen mit allen seinen Mitarbeiter*innen und deren Gästen verhaftet.[73]

In den Wochen nach den Massakern in Homs verschärften sich die Kämpfe zwischen der Armee und den revolutionären Kämpfern und die Feindseligkeit zwischen den Gemeinschaften wuchs. In einigen alawitischen Vierteln von Homs wurden sogar »sunnitische Souks« eröffnet, Basare, auf denen Gegenstände verkauft wurden, die von der Armee und ihren *Schabiha* aus den Häusern sunnitischer Familien geplündert worden waren, was den Hass zwischen den Gemeinschaften in Kreisen verschärfte, die bis März 2012, ein Jahr nach Beginn der Revolution, zumindest in ihren öffentlichen Äußerungen noch wenig davon gezeigt hatten. Der Kampf um Homs wurde von Hunderten von Demonstrationen in ganz Syrien begleitet, bei denen die Teilnehmer*innen ihre Bereitschaft zur Konfrontation mit dem Regime deutlich machten und Waffen und internationales Eingreifen forderten, um das Töten zu stoppen. Am 2. März, dem »Freitag der Bewaffnung der Freien Armee«, fanden nicht weniger als 675 Demonstrationen im ganzen Land statt, und am Freitag, dem 16. März, der unter dem Motto »Sofortige militärische Intervention« stand, waren es 691. Dutzende von Demonstrant*innen wurden von der Armee erschossen.

Zwischen dem 25. Mai und dem 12. Juli kam es zu grausamen Massakern, bei denen Soldaten und *Schabiha* Hunderten von Zivilist*innen die Kehlen aufschlitzten, nachdem sie ihre Dörfer in Homs-Land, Hama und Latakia (Hula, al-Qubeir, Haffa und Tremseh) angegriffen hatten. Diese Massaker wurden als Teil einer Strategie der Bevölkerungsverschiebung oder der konfessionellen »Säuberung« durch Terror an den Einwohner*innen der gemischten Gebiete, nicht weit von den Grenzen der beiden Gouvernements an der Küste, Tartus und Latakia, gesehen. Dies geschah zu einer Zeit, als die Demonstrationen jeden Frei-

73 Darwish wurde drei Jahre später zusammen mit Hussein Ghoreir und Hani Zitani freigelassen. Ihr Kollege, der Arzt Ayham Ghazoul, starb unter der Folter. Ein weiterer Anwalt, Khalil Maatouk, ein langjähriger Verteidiger von politischen Gefangenen, wurde 2012 seinerseits verhaftet und bis heute nicht freigelassen.

tag (im Mai) die Zahl von 800 erreichten, und die von 939 am Freitag der »Kinder von Hula«, am 1. Juni 2012, eine Woche nach dem Massaker im Dorf.

Die Militarisierung der Revolution beschleunigte sich und damit auch die Zahl der Kämpfer in den Reihen der Freien Armee. Ganze Regionen waren nicht mehr unter der Kontrolle des Regimes, besonders im Osten und Norden des Landes. Die Armee war gezwungen, sich umzuorientieren und sich auf militärisch, politisch und wirtschaftlich strategische Regionen zu konzentrieren. Tägliche Zusammenstöße, Straßensperrungen, Hinterhalte und Angriffe auf militärische Kontrollpunkte wurden sehr kostspielig für die Regierung, die sich daraufhin für einen intensiven Einsatz von Bomben entschied.

Auf internationaler Ebene berief Kofi Annan am 30. Juni in Genf eine Gruppe von arabischen und internationalen Verbindungsleuten ein, um einen gemeinsamen Nenner zu finden und ein Übergangsprojekt vorzuschlagen, das einen Waffenstillstand, die Freilassung von Gefangenen und die Bildung einer Regierung der nationalen Einheit mit vollen Befugnissen vorsah, die für die Organisation freier Wahlen verantwortlich wäre. Differenzen über die Rolle, die Baschar al-Assad bei diesem Übergang spielen würde, und über seinen Verbleib an der Macht und seine mögliche Kandidatur für eine neue Amtszeit im Jahr 2014 sowie der mangelnde Enthusiasmus der betroffenen Länder, auf eine Lösung zu drängen, machten diesem Projekt jedoch einen Strich durch die Rechnung und zwangen Kofi Annan einen Monat später zum Rücktritt. Er wurde durch den algerischen Diplomaten Lakhdar Brahimi ersetzt.

Die Schlachten von Damaskus und Aleppo und die Veränderungen vor Ort

Mitte Juli 2012 starteten Tausende von Oppositionskämpfern einen Überraschungsangriff auf die Hauptstadt Damaskus und anschließend auf Aleppo. Sie nahmen in einigen Gebieten südlich von Damaskus Positionen ein, konnten sich aber nicht halten. Es gelang ihnen jedoch, den Osten sowie einige südliche und nordwestliche Teile Aleppos zu besetzen, und sie leisteten bis Dezember 2016 Widerstand, als das Regime und seine russischen und iranischen Verbündeten die gesamte Stadt zurückeroberten.

Kurz nach der Schlacht um Damaskus, die zum ersten Mal die Hochburg des syrischen Regimes bedrohte, gab das Regime bekannt, dass ein Anschlag auf eine Gruppe von Offizieren der Krisenmanagementeinheit, die sich in der Hauptstadt traf, verübt wurde und den Tod des Verteidigungsministers und anderer hochrangiger Offiziere, darunter General Assef Shawkat, stellvertretender Verteidigungsminister und Schwager des Präsidenten, zur Folge hatte. Die Freie Armee bekannte sich zu dem Anschlag.[74]

Die Ereignisse im Juli und die militärischen Operationen, die bis November andauerten, brachten wesentliche Änderungen auf der militärischen Landkarte und hatten eine deutliche psychologische Wirkung auf alle anwesenden Kräfte. Denn innerhalb weniger Monate verlor das Regime fast die Hälfte des syrischen Territoriums. Der Krieg rückte näher an Damaskus heran, und die Kämpfe fanden in den benachbarten Bezirken im Norden, Osten und Süden statt, während die Oppositionskämpfer in die beiden Ghoutas vorstießen, die die Hauptstadt umgeben. Die Hälfte der Stadt Aleppo war befreit worden, und das Regime hatte über den größten Teil ihres Umlands und einen Großteil der Departements Idlib, Deir ez-Zor und Daraa keine Kontrolle mehr.[75] Die Armee reagierte mit einer Reihe von militärischen

74 Es gibt noch viele Unklarheiten in diesem Fall. Die Hauptverantwortlichen der Einheit, Ali Mamlouk, Abdel Fattah Kodsiyyeh und Dschamil Hassan, nahmen nicht an dem Treffen teil. Sie arbeiten eng mit dem harten Kern des Regimes zusammen, nämlich Baschar, seinem Bruder Maher, seinem Cousin mütterlicherseits, Oberst Hafiz Makhlouf, und dem Cousin seines Vaters, Oberst Dhu al-Himma Shalish.

75 Ab dem 1. August wurde es möglich, von befreiten Gebieten zu sprechen. Ihre Bewohner*innen waren bemüht, sie zu verwalten, und syrische Oppositionelle, die im Ausland waren oder Syrien während der Revolution verlassen hatten, konnten dorthin zurückkehren. Einige hatten beschlossen, zurückzukommen und sich dort niederzulassen, um an der revolutionären Bewegung teilzunehmen oder um die neue politische und soziale Dynamik ihres Landes zu erforschen.

Operationen, bei denen zum ersten Mal Kampfflugzeuge eingesetzt wurden. Bis dahin waren nur Hubschrauber eingesetzt worden. Die Luftangriffe auf Grenzübergänge zur Türkei und auf die Schlangen vor den Bäckereien sowie der Angriff auf Darayya, südlich der Hauptstadt, forderten Hunderte von Opfern. Auch die historischen Souks von Aleppo wurden niedergebrannt und schwer beschädigt. In der überwiegend kurdischen Region Hassaka musste sich die Armee zugunsten kurdischer Milizen zurückziehen, die sich für Neutralität entschieden hatten und einige öffentliche Dienste und Grenzübergänge verwalteten.

Aber dieser große Vorstoß der Opposition, der gegen Ende des Jahres zum Stillstand kam, fand zu einer Zeit statt, als ihre politische und militärische Führung eine Reihe von Krisen erlebte. Der Nationalrat wurde von internen Konflikten geplagt, von denen die Muslimbrüder auf Kosten ihrer Partner profitierten. Sie kontrollierten die Finanzen und die sozialen Dienste. Das Nationale Koordinationskomitee erlitt mit der Verhaftung eines seiner Anführer, Abdulaziz al-Khayyer, und zweier seiner Genossen einen harten Rückschlag. Die Freie Armee blieb ein loses Gebilde ohne einheitliches Kommando, das sich auf die Initiativen seiner quasi-unabhängigen lokalen Einheiten verließ. Die mit Unterstützung von Katar, Saudi-Arabien und der Türkei nach Syrien eingeführten kleinen und mittelgroßen Waffen wurden auf die verschiedenen Brigaden je nach Grad ihrer Nähe zu den Geldgebern verteilt. Der Islamismus einiger von ihnen (Muslimbruderschaft, Salafisten oder unorganisierte Gruppen) gewann an Sichtbarkeit und überschattete häufig die Sicherheit der Freien Armee. Ausländische Dschihadisten infiltrierten das Land und schlossen sich Gruppen obskurer Herkunft an, von denen die bekannteste »Dschabhat al-Nusra« (die »Nusra-Front«) war. Sie war anfangs eine kleine Randorganisation mit verdächtigen Beziehungen[76] zum Regime und wurde

76 Um mehr über die Entstehung von al-Nusra zu erfahren, vgl. die Studie von François Burgat und Romain Caillet, die am 8. Juli 2012 auf der Website der *Cahiers de l'IFPO* unter dem Titel »Le groupe Jabhat al-Nusra: la fabrique syrienne du djihadisme« veröffentlicht wurde. Diese Studie un-

dann zu einem Anziehungspunkt für Dschihadisten aller Couleur. Von Idlib-Land, wo es ihr gelang, einige Dörfer zu kontrollieren, dehnte sie ihren Einfluss auf andere Ortschaften aus, wobei die Grenzen zum Irak am durchlässigsten für das Eindringen von Dschihadisten waren.[77]

Im November veränderte die politische Vertretung der syrischen Opposition ihr Gesicht. Nachdem der Nationalrat seinen Einfluss verloren hatte, wurde in Doha eine »Nationalkoalition syrischer Revolutions- und Oppositionskräfte« gegründet, die unter der Schirmherrschaft von Katar, Saudi-Arabien, Frankreich und den Vereinigten Staaten stand. Sie umfasste einige Elemente des Nationalrats, der revolutionären Bewegung und Kräfte, die die verschiedenen Tendenzen der Opposition im weiteren Sinne repräsentierten. Unter dem Vorsitz von Scheich Moaz al-Khatib, der als aufgeklärter und unabhängiger Damaszener Islamist gilt, mit Riad Seif und dem Aktivisten Suhair al-Atassi als Vizepräsidenten, wurde sie aufgefordert, Syrien bei der Versammlung der Arabischen Liga zu vertreten.

Auf der anderen Seite verstärkten der Iran und Russland ihre Unterstützung für das Regime und belieferten es mit großen Mengen schwerer Waffen, Munition und Ersatzteilen. Es scheint, dass die Iraner, besorgt über die Entwicklung der Situation vor Ort, beschlossen hatten, sich nicht mit der Entsendung von Experten zur Unterstützung des Regimes zufrieden zu geben, sondern Offiziere der Revolutionsgarden zu entsenden, um militärische Operationen direkt mit der Armeeführung zu koordinieren, insbesondere in der Region Damaskus.

---

terstreicht die Rolle der syrischen Geheimdienste bei der Gründung dieser Front, was nicht bedeutet, dass sie mit diesen Diensten verbunden geblieben wäre. Aber es besteht kein Zweifel daran, dass das Regime lieber mit Dschihadisten als mit Gegnern, die eine nationale und demokratische Sache vertreten, konfrontiert wird, weil dies ihm erlaubt, das Bild der Revolution im Ausland zu beschädigen und viele Teile der syrischen Gesellschaft zu terrorisieren.

77 Einige waren im Irak inhaftiert. Einige wurden freigelassen, andere flohen in mehreren geplanten Operationen gegen Ende 2012 und im Laufe des Jahres 2013.

Islamistische Kräfte übernehmen die militärische Führung

Zwischen Ende 2012 und dem Frühjahr 2013 wurden die Islamisten in mehreren Regionen zur dominierenden militärischen Kraft. Die Nusra-Front, die von Washington als terroristische Organisation gelistet wird, wurde organisierter und effektiver vor Ort. Das dschihadistische Phänomen verbreitete sich mit einer größeren Vorliebe für die Durchsetzung einer extrem rigiden Auslegung der Scharia als für die Bekämpfung des Regimes.

Es ist wichtig, hier innezuhalten und die Gründe für den Machtzuwachs der islamistischen Komponente der Revolution (ohne die Dschihadisten) zu betrachten, bis sie zur Hauptkraft des Kampfes wurde:

1. Die finanzielle Unterstützung, die Bewaffnung und die Medienberichterstattung durch Saudi-Arabien, Katar und die Türkei sowie bestimmte kuwaitische islamistische Netzwerke, die ihr eine größere Sichtbarkeit sicherten und den Boden bereiteten. Diese Initiativen wurden zu einer Zeit ergriffen, als der Westen seine Hilfsversprechen an die Freie Armee und an die von ihm als »gemäßigt« bezeichneten Gruppierungen allmählich zurücknahm.

2. Die Intensität der Gewalt, das religiöse Ritual des täglichen Todes, das Gefühl, von der ganzen Welt verlassen worden zu sein, bei jeder Beerdigung, und dies in einem konservativen sozialen und kulturellen Kontext, vor allem in den ländlichen und peripheren Regionen, wo sich die Kämpfe zunächst konzentrierten, bevor sie sich auf die Städte ausbreiteten.

3. Die schwindende Fähigkeit der lokalen Koordinationskomitees und zivilen Kräfte, die im ersten Jahr der Revolution eine führende Rolle gespielt hatten, ihren Einfluss vor Ort aufrechtzuerhalten. Tatsächlich wurden Hunderte ihrer Mitglieder getötet, inhaftiert und waren gezwungen, unterzutauchen oder das Land zu verlassen.

4. Der grausame Mangel an finanziellen Mitteln und Ausrüstung der nicht-islamistischen Kräfte an den Fronten bis zu dem

Punkt, dass ihre Kämpfer nicht einmal ihre Familien ernähren konnten.

Auf militärischer Ebene setzten die Streitkräfte des Regimes ihre Gegenoffensive fort und griffen erstmals auf ballistische Boden-Boden-Raketen vom Typ Scud zurück. Es war das erste Mal in der Geschichte, dass ein Regime sie gegen Teile des eigenen Landes einsetzte. Ab Dezember 2012 wurden Städte und Dörfer im Norden angegriffen, was zu enormen menschlichen und materiellen Verlusten führte. Die Intensität der Luftangriffe und Bombardierungen nahm weiter zu und damit auch die Zahl der Opfer. In Damaskus waren das Lager Jarmuk und seine Umgebung zunehmend heftigen Bombardements ausgesetzt. Auf Seiten der Regierung schien sich eine neue militärische und mediale Strategie abzuzeichnen: Sie griff an mehreren Fronten gleichzeitig an und begann, in Homs und anderen Gebieten chemische Waffen in begrenzten Dosen einzusetzen, wie später veröffentlichte Berichte zeigten. Wir werden darauf zurückkommen.

Das wichtigste Ereignis fand jedoch in Raqqa im März 2013 statt. Das gesamte Gouvernement fiel mitsamt seinem Verwaltungszentrum an die Freie Armee, islamistische Gruppierungen und die Nusra-Front. Die Armee des Regimes zog sich zurück und ließ nur zwei Militärbasen zurück. Ab Mai geriet Raqqa zunehmend unter die Kontrolle des Islamischen Staates im Irak und der Levante – ISIL (Daesch auf Arabisch), dessen Gründung wie auch die Integration der Nusra-Front in diesen »Staat« im April vom Iraker Abu Bakr al-Baghdadi angekündigt worden war. Al-Nusras syrischer Emir, Abu Muhammad al-Dschaulani, weigerte sich, dies zu tun, aber die meisten seiner ausländischen Kämpfer folgten dem Aufruf seines Rivalen, während die große Mehrheit der syrischen Mitglieder bei al-Dschaulani blieb.

Sobald ISIL die Macht in Raqqa übernommen hatte, machten sich seine Schergen daran, die Brigadeführer der Freien Armee zu liquidieren und gleichzeitig einen Krieg gegen andere islamistische Gruppierungen zu führen. ISIL ließ außerdem Dutzende Einwohner*innen verhaften, darunter Aktivist*innen, die für ihren langen Kampf gegen das Assad-Regime und für ihr soziales

Engagement bekannt waren, und entführte den italienischen Jesuitenpater Paolo Dall'Oglio, einen der prominentesten Unterstützer der Revolution, der die Region besuchte.[78] Die Situation in Raqqa wurde zum Albtraum für Zehntausende von Bürger*innen und verschlechterte sich weiter außerhalb der Stadt, wo ISIL gegen die Brigaden der Freien Armee und kurdische Milizen im Nordosten und fast nie gegen die Armee des Regimes kämpfte. Eine militärische Antwort der Freien Armee war wegen der Verluste, die in vielen Regionen hätten entstehen können, fast unmöglich.

Im Jahr 2013 wurde die kommunitäre Frage durch das Eindringen der Dschihadisten und die Fortsetzung der Massaker an der Zivilbevölkerung durch die *Schabiha* und die loyalen Milizen, die im Wesentlichen aus jungen Alawiten bestanden, die vom Iran ausgebildet wurden, um der ausgebluteten Armee des Regimes zur Hand zu gehen, akut.[79] Die Kämpfe nahmen somit einen zunehmend kommunitären Charakter an, so dass es nicht mehr übertrieben war, von einer »alawitischen Frage« in Syrien (oder von einer »sunnitischen Frage«) zu sprechen, was die sozialen Kämpfe, die regionalen Disparitäten und den Gegensatz zwischen Stadt und Land noch verstärkte.

»Kusseir« und darüber hinaus

Anfang 2013 verabschiedete das Regime unter iranischem Kommando und mit russischem Rat eine Militär- und Medienstrategie, die im Mai Früchte zu tragen begann und die auf sechs Prinzipien beruhte:

---

78 Unter den Geiseln, die ISIL bis Dezember 2013 in Raqqa nahm, befanden sich neben Pater Paolo, Firas Al-Haj Saleh, Ibrahim Ghazi, Mohammad Nour Matar und dem Arzt Ismail Homoud auch Dutzende Kämpfer, Journalist*innen und politische Aktivist*innen. ISIL soll auch eine Rolle bei der Entführung von Aktivist*innen in Aleppo (wie Samar Saleh) gespielt haben. Einige von ihnen beschuldigten ISIL auch, mehrere ihrer Kamerad*innen, sowohl Zivilist*innen als auch Kämpfer der Freien Armee, ermordet zu haben.

79 Die letzten beiden Massaker fanden im Mai im Dorf Baida und in einigen Gebieten der Stadt Baniyas im Departement Tartus, im Herzen des alawitischen Gebiets, statt.

Das erste war die Unmöglichkeit, die östlichen und nördlichen Regionen Syriens zurückzuerobern. Es war daher notwendig, diesen Verlust durch die Verteidigung der verbliebenen Militärstützpunkte, vor allem in Aleppo und Umgebung, zu kompensieren, die von der Luftwaffe versorgt werden mussten, um so lange wie möglich durchzuhalten. Die Herausforderung bestand darin, die Aufständischen daran zu hindern, territoriale Kontinuitäten in den von ihnen kontrollierten Regionen zu schaffen, und so die Zersplitterung des Nordens aufrechtzuerhalten, so dass jeder Sektor bald seine Munition erschöpft, sich in der Beschäftigung mit lokalen Rivalitäten verzettelt und die Aufständischen daran gehindert werden, ihre Kräfte von einem Gebiet in ein anderes zu verlegen.

Das zweite Prinzip war die Fortsetzung der Langstreckenbombardements aus der Luft und vom Boden auf die vollständig befreiten Regionen, in denen das Regime keine Kontrollpunkte oder Militärbasen mehr hatte, um massive Zerstörungen und enorme menschliche Verluste anzurichten und die Lebensbedingungen zu »verschlimmern«, ohne Dienstleistungen, Strom oder Wasser und ohne Gehälter für einen großen Teil der Staatsbediensteten.

Das dritte Prinzip bestand darin, offensive Militäroperationen auf vier Regionen zu konzentrieren, um sie zurückzuerobern oder vollständig zu zerstören: die beiden Ghoutas und die südlichen, östlichen und nördlichen Vororte der Hauptstadt, Homs und seine Umgebung, die Linie zwischen Daraa und der jordanischen Grenze und die Region Kalamun bis Zabadani, nicht weit von der libanesischen Grenze entfernt. Damit wäre es zuerst möglich, die »Gefahr« von der Hauptstadt Damaskus fernzuhalten, deren Fall den Sturz des Regimes symbolisieren würde, auch wenn andere Regionen an das Regime gebunden blieben. Weiterhin ging es um die Sicherung des Verkehrs auf der Küstenlinie Damaskus-Homs, die aus militärischer und politischer Sicht als lebenswichtig gilt, weil sie die Hauptstadt mit den alawitischen Bergen verbindet, einer Rekrutierungsbasis für die Kämpfer des Regimes. Schließlich ging es darum, die Ortschaften in der Nähe der Linie Damaskus–Homs, die in die

Hände der Opposition gefallen waren, von der benachbarten libanesischen Grenze zu trennen, wo sich die großen sunnitischen Städte wie Arsal befinden.

Das vierte Prinzip war die Stärkung der *Schabiha* und die Aufnahme junger regimetreuer Alawiten in eine paramilitärische Formation, die Nationale Verteidigungsarmee, der es freistand, Übergriffe auf Zivilist*innen durchzuführen, während sie an bestimmten Fronten kämpfte.

Das fünfte Prinzip war die Entsendung von Tausenden von Kämpfern der libanesischen Hisbollah sowie von irakischen schiitischen Milizen, die von Teheran ferngesteuert werden, nach Syrien, um sie unter dem Vorwand, schiitische heilige Stätten wie den Schrein von Sayyida Zainab in der Nähe von Damaskus zu schützen, an sensiblen militärischen Positionen zu sammeln.

Das sechste Prinzip war der Start einer Medienkampagne gegen die Opposition, die diese als »Dschihadisten« bezeichnet, wobei der alte Diskurs von amerikanischen und zionistischen Verschwörungen gegen das »widerständige« Regime erst einmal auf Eis gelegt wurde. Es ging darum, die Idee zu etablieren, dass das Regime mit al-Qaida und ihren Ablegern konfrontiert sei, dass von letzteren Tausende aus den Nachbarländern und Europa nach Syrien strömten, finanziert von Katar und Saudi-Arabien, zwei Ländern, die in der westlichen öffentlichen Meinung nicht sehr beliebt sind, und dass nur Assad in der Lage sei, christliche Minderheiten zu schützen.

Assad nutzte zweifellos das Auftauchen von ISIL und seine Übergriffe sowie das eklatante Versagen der Opposition in Bezug auf die Medienberichterstattung aus, um diese Strategie umzusetzen. Er profitierte auch von der Zurückhaltung des Westens, die Freie Armee mit besseren Waffen auszustatten, was es ihm ermöglichte, die Luftwaffe intensiv und gefahrlos zu nutzen und seine Militärbasen in mehr als einer Region zu retten.

Zwischen Mai und August wurde in Anwendung dieser neuen Strategie eine groß angelegte Militäroperation mit effektiver Beteiligung der Hisbollah im Umkreis des Orontes-Tals gegen die Stadt Kusseir in der Nähe von Homs durchgeführt. Die Stadt wurde nach wochenlangen heftigen Kämpfen besetzt. Auch in der Nähe von Damaskus wurde eine Offensive gestartet, die zu Vorstößen auf mehreren Achsen führte, aber den Widerstand nicht überwinden konnte. Um dem ein Ende zu setzen, zögerte Assad deshalb nicht, zu chemischen Waffen zu greifen.

Schiit*innen und Sunnit*innen

Seit Anfang 2013 tobt in Syrien ein weiterer Krieg, dessen Vorwand ein tragisches Ereignis ist, das sich gegen Ende des siebten Jahrhunderts ereignete.[80]

Dieser unsinnige Krieg zwischen Sunnit*innen und Schiit*innen geriet aus zwei Gründen in die syrische Szenerie: Der erste ist, dass das syrische Regime als Verbündeter des Iran, der es materiell unterstützte und in Syrien in seinem Sold stehende schiitische Kämpfer einsetzte, es so wollte. Der zweite ist das Eindringen von Dschihadisten in Syrien, die gekommen waren, um die »alawitischen und schiitischen Ungläubigen« zu bekämpfen. Diese beiden Einmischungen sind offensichtlich Teil des Konflikts, der in der Region zwischen Riad und Teheran tobt. Der Libanon war schon einmal Opfer dieses Konflikts, der Irak seit der amerikanischen Invasion 2003.

Aber die beiden Seiten in diesem Krieg sind nicht gleichermaßen verantwortlich. Die Dschihadisten sind überwiegend keine Syrer oder haben keinen Bezug zu Syrien, und die an der Revolution beteiligten syrischen Islamisten suchen nicht den Streit mit den Schiiten und schicken ihre Kämpfer nicht in den Libanon oder den Irak, um die dortigen Konflikte anzuheizen. Ihr Kampf ist, unabhängig von ihren Ansichten, rein syrisch und hat nie die Grenzen des Landes überschritten. Was die Reden

80 Im Jahr 680 tötete die (von Damaskus aus) von Yazid geführte Armee der Umayyaden Hussein und einen Teil seiner Familie in Kerbela (südlich von Bagdad). Hussein, Sohn von Ali und Enkel des Propheten Mohammad, ist für die Schiit*innen zum Symbol des Märtyrertums geworden. Sie feiern jedes Jahr sein Andenken, während Yazid und die Umayyaden für sie das absolut Böse verkörpern.

über die »Rache des Märtyrers Hussein« oder über den »Schutz des Mausoleums von Zainab«[81] betrifft, so wurden sie von bestimmten libanesischen und irakischen Verbündeten des iranischen und syrischen Regimes fabriziert, die Brigaden namens »Abu al-Fadl al-Abbas«[82] bildeten, um die Syrer*innen zu bekämpfen, lange bevor sie mit den Dschihadisten in Kontakt kamen. Einige Vertreter*innen des Regimes in Damaskus sind so weit gegangen, den Syrienkonflikt als »Kerbela unseres Jahrhunderts«[83] zu bezeichnen. Und es ist das Regime, das, indem es die konfessionellen Milizen zweier Nachbarländer einsetzt, seinem eigenen Diskurs über die Souveränität Syriens und den Säkularismus widerspricht und diesen schiitisch-sunnitischen Konflikt anheizt, der, wenn er nicht schnell eingedämmt wird, der Vorbote zahlreicher Blutbäder in mehr als einem Land sein könnte.

Der Chemieangriff vom August 2013

Im Morgengrauen des 21. August 2013, einem Mittwoch, bombardierte die syrische Armee Zamalka, Irbin und die Ortsgrenzen von Muadhamiya in den beiden Ghoutas von Damaskus. Unmittelbar nach dem Angriff stellte sich heraus, dass die Raketen mit chemischer Munition geladen waren, deren Explosion den Tod von Hunderten von Menschen durch Erstickung mit Sarin-Gas (von dem die syrische Armee große Bestände besitzt) verursachte. Diesem Massaker folgten vier Tage lang in-

81 Zainab ist die Schwester von Hussein, und einige behaupten, dass ihr Leichnam in der Nähe von Damaskus begraben liegt, wo das Mausoleum, das ihren Namen trägt, errichtet wurde.

82 Der Name des Bruders von Hussein, der mit ihm in Kerbela getötet wurde.

83 Das lexikalische Feld des »Kerbela«-Themas wurde von Bahjat Suleiman, dem Botschafter des syrischen Regimes in Amman, verwendet, der in den 1990er Jahren und dann zu Beginn von Baschars Amtszeit einer der leitenden Geheimdienstoffiziere war. Diese Sprache zog den Spott von Subhi Hadidi in seinem Artikel »Ayoub al-Karbali« [»Ayoub von Kerbela«] (veröffentlicht in *al-Quds al-Arabi*, 17. Februar 2013) auf sich. Darin spottet er über Suleimans Worte und seine Tiraden, die »weit entfernt von baathistischem, säkularem und nationalistischem Vokabular« seien und sich in die Predigt einer konfessionellen religiösen Zeremonie verwandelten.

tensive Bombardierungen und Luftangriffe. Dies geschah vermutlich, um die chemischen Spuren vor dem Eintreffen der internationalen Untersuchungskommission zu vernichten, die von den Vereinten Nationen beauftragt wurde, den Einsatz der Chemikalien zu überprüfen.

Nach diesem Massaker war die internationale Gemeinschaft lediglich zwei Wochen lang erschüttert: Washington, Paris und London drohten mit Gewaltanwendung, um das Regime für die Verletzung der zuvor von Washington festgelegten »roten Linie« zu bestrafen. Aber Moskau schlug der syrischen Armee den endgültigen Verzicht auf ihr chemisches Arsenal im Austausch für die Aufgabe aller geplanten westlichen Sanktionen vor. Dies wurde schließlich beschlossen.[84]

Aus einer Extremsituation gerettet, verkündete das Regime seinen Beitritt zur Konvention über das Verbot von Chemiewaffen. Es setzte jedoch seinen völkermörderischen Krieg gegen Ghouta und andere Regionen Syriens (insbesondere Homs, das Lager Jarmuk und den Bezirk Muadhamiya) mit Luft- und Bodenbombardements fort, wobei Hunderte von Zivilist*innen getötet wurden. Außerdem verhängte es eine Belagerung, ließ die Bevölkerung hungern und blockierte den Zugang zu Medikamenten, Milch für Kinder und Treibstoff. Die Folter in den Gefängnissen und systematische Vergewaltigungen wurden fortgesetzt[85], ebenso wie die Verhaftung von Schriftsteller*innen, Aktivist*innen und politischen Führer*innen der Opposition, wie z.B. Fayeq al-Meer, ein ehemaliger Insasse der Gefängnisse von Vater und Sohn Assad und einer der politischen Koordinatoren der Revolution seit ihrem ersten Tag.

Auf internationaler Ebene ging es nicht mehr darum, die Verantwortlichen für die Massaker zu verurteilen. Andererseits

---

84 Wir werden auf dieses Thema in Kapitel 4 ausführlich zurückkommen.

85 Mehrere Dokumente und Berichte von internationalen Organisationen wie der UN-Menschenrechtskommission haben dem Regime Kriegsverbrechen an Tausenden von Syrer*innen vorgeworfen. Der Bericht von Human Rights Watch warnte bereits 2012 vor Folter und Tod in Gefängnissen sowie vor Vergewaltigungen und Sexualverbrechen. Einer dieser Berichte findet sich unter: http://www.hrw.org/news/2012/06/15/syria-sexual-assault-detention.

gab es die Debatte über die Abhaltung einer neuen Konferenz in Genf, um die erste zu vollenden, von deren Empfehlungen keine umgesetzt worden war (daher der Rücktritt von Kofi Annan). Die Debatte wurde fortgeführt, stolperte über Bedingungen und Daten, während die Kämpfe weitergingen und Allianzen zwischen Kämpfern geschmiedet wurden, die jedes Vertrauen in die »internationale Gemeinschaft« verloren hatten und entschlossen waren, bis zum Ende zu kämpfen.

So wurde eine friedliche Revolution des Volkes, die Freiheit, Gerechtigkeit und ein Ende von vier Jahrzehnten Tyrannei und Korruption forderte, in einen blutigen Krieg mit unabsehbarem Ausgang zwischen einem Clan, der in der Lage ist, das Land zu zerstören, um sich selbst zu erhalten, und bewaffneten Gruppierungen mit überwiegend islamistischem Hintergrund verwandelt. Die Vereinten Nationen, die Vereinigten Staaten und die Europäische Union haben ihre Verantwortung nicht wahrgenommen, als sie dies hätten tun sollen und können, um das syrische Volk vor der von Russland und dem Iran ausgerüsteten und von Tausenden irakischen und libanesischen Kämpfern unterstützten Tötungsmaschine zu schützen. Das Auftauchen von Gruppen, die mit al-Qaida in Verbindung stehen, dann die Entstehung des »Islamischen Staats in Syrien und der Levante«, Daesch, hat das Unglück der Syrer*innen nur noch verschlimmert.[86] Diese Protagonisten, die meist von Ausländern angeführt wurden, mischten sich mit ihren Waffen und ihrem ideologischen Arsenal ein, um den Aufstand zu besudeln und die dem Regime abgerungenen Stücke der Freiheit allmählich aufzuzehren.[87]

86 Anzumerken ist, dass zu den informativsten Artikeln und Feldforschungen über den Aufstieg der Dschihadisten in Syrien bereits 2013 und während der gesamten Jahre 2014 und 2015 diejenigen von Christoph Reuter im *Spiegel* gehören.

87 Die Ursachen für den Ursprung der Dschihadisten von Daesch im Irak und ihren Aufstieg in Syrien sind umfassend erforscht worden: Marginalisierung der sunnitischen Araber*innen durch die neue Regierung in Bagdad nach der amerikanischen Invasion 2003 und der »Entbaathifizierung« des irakischen Staates; die Mutation von al-Qaida im Irak unter der Führung von al-Zarkawi; die Frustration der Sunnit*innen über den Aufstieg des schiitischen Iran und dessen Expansionismus in der Region und die Bar-

Die Abfolge der Ereignisse lässt sich zusammenfassen als dramatische Umwälzungen vor Ort (oftmals im Sommer), ausländische Militärinterventionen, politische Prozesse und UN-Initiativen ohne Horizont, und vor allem eine vernichtende humanitäre Bilanz.

So kam es im Sommer 2014 zur Ausrufung des »Kalifats« durch Abu Bakr al-Baghdadi und der anschließenden Ausdehnung seiner dschihadistischen Organisation auf die irakischen und syrischen Gebiete rund um den Euphrat. Während der Islamische Staat (die Begriffe, die sich auf den Irak und die Levante beziehen, wurden aus dem neuen Namen entfernt) eine Strategie der Gewalt gegen die »Abtrünnigen« und Minderheiten (insbesondere Jesid*innen und Christ*innen) erdachte und in Gang setzte, um sie zu terrorisieren, erklärten die Vereinigten Staaten und »die internationale Koalition« ihm den Krieg. Sie konnten auf die Unterstützung der kurdischen Milizen zählen, die bereits einen Teil des syrischen Nordens kontrollierten.

Gleichzeitig gingen die Kämpfe zwischen der bewaffneten Opposition und dem Regime weiter, ebenso wie das Bombardement mit Sprengstofffässern durch letzteres und die Enthüllungen über die Todesindustrie in seinen Gefängnissen, die das Ausmaß der in diesem Konflikt begangenen Kriegsverbrechen und Verbrechen gegen die Menschlichkeit zeigen. Diese Verbrechen veranlassten die USA und Europa, Wirtschaftssanktionen gegen Vertreter des Regimes in Damaskus und ihre Kollaborateure, insbesondere Geschäftsleute, zu verhängen.

---

barei des Regimes von Baschar al-Assad gegen die Syrer*innen seit 2011, das nicht zögert, auf Massentötungen, manchmal mit Messern, wahllose Bombardierungen mit Sprengstofffässern und chemischen Waffen und Folterungen im industriellen Maßstab (unter dem gleichgültigen Blick der »internationalen Gemeinschaft«) zurückzugreifen.
Diese Ursachen haben das »Daesch«-Phänomen in zwei Ländern hervorgebracht, in denen die Tyranneien von Saddam und Assad bereits die politischen Felder verwüstet und das soziale Gefüge zerrissen hatten. Die globale Krise der ethischen Bezugspunkte und Modelle der Regierungsführung und Integration, die Macht der Bilder und die Faszination der barbarischen Gewalt, die junge Menschen (über den Nahen Osten hinaus) dazu bringen, aus ihren »Realitäten« zu fliehen und einen extremen Nihilismus anzunehmen, haben das Phänomen verstärkt und »Daesch« zu einem internationalen Akteur gemacht.

Im Sommer 2015 und nach einer Reihe von militärischen Niederlagen, die das Regime und seine Verbündeten im Norden und Süden des Landes erlitten und die die von ihnen kontrollierte Fläche auf 20 Prozent reduzierten, kündigte Russland den Beginn seiner direkten Militärintervention an. Ab dem 30. September griff es die Stellungen der verschiedenen Oppositionsformationen an und bombardierte massiv die von ihnen kontrollierten Gebiete, ohne deren Infrastruktur, insbesondere Gesundheitseinrichtungen (Krankenhäuser und Ambulanzen), zu verschonen.

Im Sommer 2016 beschleunigten sich die militärischen und politischen Entwicklungen. Die Feuerkraft der russischen Streitkräfte und der vom Iran mobilisierten Milizen trug wesentlich zur Umkehrung des Kräfteverhältnisses zugunsten des Regimes und damit zum Sieg in der Schlacht von Aleppo und anderen Kämpfen im Zentrum des Landes bei. Die Türkei ihrerseits startete eine Militärkampagne, um zu verhindern, dass die kurdischen Milizen alle Grenzgebiete zwischen ihrem Territorium und Nordsyrien kontrollieren. Was die Vereinigten Staaten betrifft, die in die Wahlkampfphase zurückgekehrt waren, so lösten sie sich weiter von der »Syrien-Akte«, da sie der Meinung waren, dass ihre einzige Priorität der Krieg gegen den Islamischen Staat sei. Die Nusra-Front ihrerseits brach mit al-Qaida und konnte sich in Idlib im Nordwesten Syriens militärisch gegen die verschiedenen oppositionellen Formationen durchsetzen.

Im Sommer 2017 leitete Russland gemeinsam mit dem Iran und der Türkei einen Verhandlungsprozess zwischen dem Assad-Regime und der Opposition ein, ohne jedoch eine Einigung zu erzielen. In der Zwischenzeit hatten die USA ihre Bombenangriffe auf den Islamischen Staat verstärkt, und kurdische Milizen hatten es schließlich geschafft, Raqqa, dessen syrische Hauptstadt, einzunehmen (nach dem Fall seiner irakischen Hauptstadt Mosul). Die amerikanischen Truppen, die sie vor Ort unterstützten, errichteten daraufhin Militärstützpunkte im Nordosten und Osten des Landes und verstärkten ihre Basis in der südöstlichen Wüste, nicht weit von den Grenzen zu Jordanien und dem Irak.

Im Sommer 2018 gewannen das syrische Regime und seine Verbündeten die Kontrolle über die Region Daraa im Süden des Landes zurück, nachdem sie zwei Monate zuvor die Ghoutas der Hauptstadt überrannt hatten.

Schließlich werden seit dem Sommer 2019 Gebiete im Norden des Landes regelmäßig von russischen und Assad-Truppen bombardiert. Die Kräfte des Regimes eroberten strategische Städte rund um die Autobahnen, die Aleppo mit Hama und der Mittelmeerküste verbinden, während auf der anderen Seite türkische Spezialkräfte in Absprache mit russischen in mehreren Orten und auf Straßenachsen eingesetzt wurden, die unter der Kontrolle der Opposition (deren Formationen de facto unter türkischer Autorität stehen) und der seit 2016 in »Fath al-Sham« umbenannten Nusra-Front blieben.

Im Jahr 2021 ist Syrien also zersplittert und besetzt, eine politische Lösung des Konflikts scheint nicht möglich, denn trotz Moskaus militärischer Übermacht und seiner Operationen, die das Gesicht des Konflikts und das Kräfteverhältnis verändert haben, bleibt sein Schützling Assad verwundbar. Die pro-iranischen Kräfte und die verschiedenen lokalen Milizen (bewaffnet von Russland oder dem Iran) konkurrieren mit seiner erschöpften Armee und drängen auf dasselbe Territorium, das er besetzt (65 Prozent der Fläche Syriens). Darüber hinaus machen die türkischen und amerikanischen Militäreinsätze Ankara und Washington zu einflussreichen Akteuren in jedem zukünftigen politischen Prozess, zu einer Zeit, in der das Regime sehr isoliert und durch aufeinanderfolgende Wirtschaftskrisen geschwächt bleibt. Die amerikanischen und europäischen Sanktionen gegen Damaskus machen eine Normalisierung der Beziehungen zu Assad und den von den Russen so gewünschten Wiederaufbau unwahrscheinlich, was Moskaus Aufgaben in einem Land in Trümmern natürlich erschwert.

Doch trotz dieser Zersplitterung und Tragödie, dem Ausmaß der politischen Krise und der Unermesslichkeit der Verwüstung, sowohl von Gebäuden als auch von Institutionen, hat die

»Revolution der einfachen Leute«[88] etwas erreicht. Alles, was sie sozial, kulturell, intellektuell und künstlerisch hervorgebracht hat, bleibt eine Inspiration.

88 Yassin al-Haj Saleh schrieb in der *Revue d'études palestiniennes* (auf Arabisch, Herbst 2011) einen Artikel mit dem Titel »Thawrat al-'ammah, qadaya akhlaqiyya wa thaqafiyya wa siyasiyya« [»Die Revolution des Volkes: moralische, kulturelle und politische Aspekte«]. Darin beharrt er darauf, dass das syrische Volk, das sich mit außergewöhnlichem Mut erhoben hat, einen Aspekt seiner Kultur zurückgewinnt und seine Würde von der reaktionären tyrannischen Autorität trotz ihres modernistischen Anspruchs zurückfordert. Angesichts der Tiefe der Umwälzungen, der Blockade der wirtschaftlichen Entwicklung, des Rückschritts im Bildungswesen und der Ausbeutung der großen Mehrheit der Bevölkerung durch eine mafiöse Minderheit kann dies jedoch keine Garantie dafür sein, dass es in Rekordzeit eine Demokratie aufbauen kann.

3

Einige Merkmale Syriens von »innen«

Das Regime versuchte nach März 2011, seine Verschleierung des syrischen »Inneren« fortzusetzen, indem es dieses in den Rauch von Verschwörungen und Granaten hüllte. Aber der außergewöhnliche Widerstand, den Millionen von Bürger*innen leisteten, indem sie die Revolution beharrlich weiterführten und die Ereignisse Tag für Tag dokumentierten, vereitelte diese Versuche, wobei die Syrer*innen einander[89] und die Welt aufklärten. Die Revolution entfaltete ein bis dahin unbekanntes kreatives Potenzial in Syrien und offenbarte gleichzeitig die beispiellose Gewalt einer verzweifelten Macht, die in Panik ein Land, das sie als ihr Eigentum betrachtet, und Bürger*innen, die sie wie Leibeigene behandelt, entgleiten sieht.

Wiedergutmachung für das Schweigen und Wiederaneignung der Sprache

Seit den ersten Demonstrationen haben die Syrer*innen eine ungewohnte Fähigkeit wiedererlangt, sich zu artikulieren. Das begann mit den Parolen und Liedern der Demonstrant*innen, der Körpersprache, tanzend oder laufend, politischen Publikationen und künstlerischen Arbeiten. Es war, als wollten sie Jahrzehnte des Schweigens in ein paar Monaten wettmachen.

So wurde eine ganze Gefängnis-»Literatur« wiederentdeckt.[90]

89 Damit meine ich natürlich die Syrer*innen der Revolution und diejenigen, die sie unterstützen, ohne die Absicht, zu verallgemeinern.

90 Ich nenne *Das Schneckenhaus* von Mustafa Khalifa (dt. bei Weidle, Bonn 2019), *Khiyanat al-lougha wa-ssamt* [*Treuebrüche der Sprache und Stille*] von Faraj Beyrakdar (2011 auf Arabisch erschienen), *Bil-Khalas ya Chabab* [*Auf die Erlösung, Jungs!*] von Yassin al-Haj Saleh (auf Arabisch, veröffentlicht

Romane, Memoiren[91] und Geschichten, die aus den Tiefen des Syrien der 1980er und 1990er Jahre ausgegraben wurden, kamen wieder ans Tageslicht.[92] Sogar alte Filme, sowohl Spielfilme als auch Dokumentarfilme, die auf die eine oder andere Weise die Verweigerung gegenüber dem Schweigen und dem Tod zum Ausdruck brachten, erstanden wieder auf.[93] Dies hat alten Werken bekannter Autoren einen ganz neuen Geschmack und zweifellos auch eine neue Bedeutung verliehen.[94]

Auch wenn das Hama-Massaker von 1982 ein höchst schmerzhaftes Thema in Syrien blieb, so war das erste öffentliche Gedenken daran im Februar 2012 wie ein kollektiver Therapieprozess, bei dem man sich gegenseitig dazu drängte, das in Worte zu fassen, was drei Jahrzehnte lang zu sagen verboten worden war.

Schmerz und Wut mischten sich, wenn vom staatlichen Bildungssystem in »Assads Syrien« die Rede war[95], oder von den Jahren des Versteckens und Umherirrens aus Angst vor Verhaftungen.[96]

2012*)*, *Treize ans dans les prisons syriennes* von Aram Karabet (Actes Sud, Arles 2013), sowie den Film *Voyage dans la mémoire* von Hala Mohammad mit Hajj Saleh, Bayrakdar und Ghassan Gebahi über das Palmyra-Gefängnis, Angst und den Wert des Lebens.

91 Siehe dazu die beiden Texte (auf Arabisch) von Nayla Mansour, »Kayfa tou'ammer hatta al-thamania wal-thalatheen fi souriya« [»Wie man in Syrien 38 Jahre alt wird«] (*Kalamon*, Winter 2012), und von Fadia Lazkani, »Mouqabala fi fer'e filastine« [»Gespräch in der Palästina-Abteilung«] (*an-Nahar*, 18. Juli 2012), zusätzlich zu den Texten, die auf Facebook von Menschen gepostet wurden, die lange auf einen Vater, Bruder oder Freund im Gefängnis gewartet haben.

92 Wie Khaled Khalifas Roman *Eloge de la haine* (Actes Sud, Arles 2011).

93 Wie die Filme *A Flood in Baath Country* von Omar Amiralay, *Stars of the Day* und *Sacrifices* von Osama Mohammad, *Je suis celle qui porte les fleurs vers sa tombe* von Hala Abdallah oder *Ibn al-am* von Mohammad Ali Atassi.

94 So wie der Kurzgeschichten-Autor Zakaria Tamer, der auf seiner Facebook-Seite, die Tausende von Leser*innen erreicht, wieder mit dem Schreiben begonnen hat.

95 Vgl. von Omar Kaddour »Bil-rouh bil-dam nafdik« [»Mit unserem Blut, mit unserer Seele werden wir dich verteidigen«], veröffentlicht auf Arabisch im Kulturteil »Nawafidh« der Tageszeitung *Al-Mustaqbal* am 28. August 2011, sowie den Text von Doha Hassan »Hina qalat li al-mouallima: Hafiz al-Assad mithl allah la yamout» [»Als die Lehrerin mir sagte: ›Hafiz al-Assad, wie Gott, stirbt nicht‹«], veröffentlicht auf der Website *Now* am 23. Januar 2013.

96 Siehe den Artikel von Catherine Gouëset »Histoire de Mazen Adi, 21 ans

Die Archivierung und Dokumentation, die viele Syrer*innen heute auf Facebook-Seiten oder auf Seiten vornehmen, die sich auf die (Wieder-)Veröffentlichung von Artikeln, Fotos und Beobachtungen zur syrischen Frage spezialisiert haben, spiegeln ihren Widerstand dagegen wider, dass das Vergessen auch den kleinsten Text, die kleinste Spur ihres Aufstands und ihrer Zerstörung der Mauer der Angst und des Schweigens wieder auslöschen könnte.

Die Wiederaneignung des Wortes und des politischen Kampfes wurde insbesondere durch die Gründung von Schriftsteller*innen-, Künstler*innen- und Journalist*innenverbänden verstärkt sowie von Zeitschriften und Zeitungen, die im Inland in Tausenden von Exemplaren verteilt wurden, sei es in den befreiten Zonen oder verdeckt in den noch vom Regime kontrollierten Gebieten. Es wurden auch Radiostationen eingerichtet, die zu bestimmten Zeiten oder den ganzen Tag über sendeten. Eine neue Generation von Syrer*innen ist dabei, sich selbst im Schreiben, Sprechen und der Verarbeitung von Informationen auszubilden.

Kunst und Revolution

Die Revolution hat von ihren ersten Tagen an eine erstaunliche künstlerische Kreativität hervorgebracht. Ob Kalligrafie, Karikatur, digitale Kunst, Musik, Gesang, Kurzfilme, Video oder Fotografie, eine beachtliche Menge an Arbeiten ist in Syrien selbst oder im Exil entstanden. Obwohl von unterschiedlicher Qualität, sind die meisten von ihnen überraschend frisch und fast erschöpfend in ihrer Berichterstattung über den Volksaufstand, die Hoffnungen der Menschen und ihr Leiden. Die Mittel der digitalen Kommunikation haben diese Dynamik begünstigt, sie verallgemeinert und es ermöglicht, sie in großem Umfang bekannt zu machen.[97]

---

de vie clandestine en Syrie«, erschienen in *L'Express* am 13. Juli 2013, der diesen Aspekt der Anpassung an die Illegalität detailliert beschreibt.

97 Man kann Dutzende von Webseiten besuchen, die Kunstwerke von Syrer*innen veröffentlichen. Ich nenne unter anderem die Seiten: »Kunst

Dass all dies trotz des Schreckens und des Schmerzes mit Humor ausgedrückt wird, ist an sich schon ein Zeichen für eine leidenschaftliche Verbundenheit mit dem Leben, ein Sieg über die Angst. Sich über den Tyrannen, seine Bilder und seine Worte lustig zu machen, nimmt ihm die furchterregende Aura, die ihn umgab (besonders seit dem Massaker von Hama 1982).

Überraschungen und Entdeckungen

Überraschung war zweifellos das vorherrschende Gefühl, das die Syrer*innen erlebten, seitdem Demonstrant*innen auf die Straßen strömten und der Angst trotzten. Die Überraschung, ihr Land und ihre Mitbürger*innen in Bewegung zu entdecken: Ist es möglich, dass wir all diese Menschen nicht kannten?[98] Die

---

und Freiheit« https: // www.facebook.com / Art.Liberte.Syrie, »Syrian Revolution Arts« https: // www.facebook.com / Syrian.Revolution.Arts, »Syrilution Creative Arts« https://www.facebook.com/groups/syrilution, »Das syrische Volk kennt seinen Weg« (obwohl diese Seite nicht auf Kunst spezialisiert ist, war sie die erste, die mit Kunstwerken illustrierte politische Artikel veröffentlichte) https://www.facebook.com/Syrian.Intifada.
Erwähnenswert ist vor allem die Website »Creative Memory«, deren Ziel es ist, alle Kunstwerke und Schriften zu archivieren, die mit der Revolution, ihren Orten und ihren Worten zu tun haben, mit einem äußerst bereichernden Ergebnis (in mehreren Sprachen): www.creativememory.org.
Siehe auch die kinematografische Seite des Kollektivs Abu Naddara, das seit Beginn der Revolution viele Filme produziert und in den arabischen und europäischen Zeitungen Artikel über das »Bild des Syrers« und die syrische Situation verfasst hat: www.abounaddara.com.
Schließlich wurden viele Facebook-Seiten mit dem Titel »Die Kamera eines jungen …«, die mit dem Namen eines jungen Menschen die Zugehörigkeit zu einem Ort (oder eine einfache Beschreibung) verbinden, von engagierten Fotograf*innen permanent mit Bildern gefüttert, die in allgemeiner Weise visuelle Schätze darstellen, die das tägliche Leben der Syrer*innen während der Revolution dokumentieren.

98 Zu den wichtigsten Artikeln zu diesem Thema: siehe Osama Mohammads »Kaas al-'alam al-moqbila souriyya« [»Die nächste Weltmeisterschaft wird syrisch sein«] (*As-Safir*, auf Arabisch, 20. Mai 2012), in dem er humorvoll erklärt, warum die syrischen Revolutionär*innen aufgrund ihrer Ausdauer, Schnelligkeit und Fähigkeit, den Tod tanzen zu lassen, um »das Leben zwischen seinen Beinen hindurchgehen zu lassen«, die Gewinner*innen der nächsten Fußballweltmeisterschaft sein werden. Siehe auch Razan Zeitounehs Beitrag »Sahat al-horriya ka-daroura« [»Der Freiheitsplatz ist eine Notwendigkeit«] (in *Kalamon*, Nr. 3, Sommer 2011), in dem die aktivistische Anwältin die Wiederentdeckung der Arbeitskolleg*innen und vertrau-

Überraschung, so viel Spott und politische Intelligenz zu entdecken: Wo waren all diese jungen Leute aus Kafranbel in den bleiernen Jahren gewesen? Aus welcher Quelle fließen ihre Ideen und ihr unerschöpflicher Optimismus?[99] Wie können Aktivist*innen, die mit dem Tod konfrontiert sind, darüber lachen, indem sie Facebook-Seiten mit dem Namen »Die chinesische Revolution« erstellen, um »das Syrien des Regimes« nach China zu verlegen und so zwei Realitäten mit beißender Ironie zu einer zu verschmelzen? Wer hätte gedacht, dass sich die Mauern der Stadt Saraqib, die regelmäßig von der Luftwaffe bombardiert wird, eines Tages in Orte des künstlerischen Ausdrucks verwandeln würden? Wer sind diese Leute, die Slogans und Plakate entwerfen, Hunderte von Blogs und Websites verwalten und Artikel, die ihr Anliegen erklären, in alle Sprachen übersetzen?[100] Woher kommen diese jungen Menschen, die unter Einsatz ihres Lebens fotografieren und Videos machen, um zu verhindern, dass Syrien ein schwarzes Loch wird? Wo ist diese Ausdauer vergraben gewesen, diese Geduld in Dörfern, von denen die meisten Syrer*innen nicht einmal wüssten, wo sie auf einer Landkarte zu finden sind? Woher nahm eine Frau wie Souad Nawfal den Mut, allein vor dem ISIL-Hauptquartier ein *Sit-in* abzuhalten, um die Freilassung der Gefangenen in Raqqa zu for-

---

ter Orte und ihrer Bewohner*innen in einem anderen Licht beschreibt.

99 In einem Artikel mit dem Titel »Fattih' aynayk, anta fi kefranbil« [»Öffne deine Augen, du bist in Kafranbel«] (veröffentlicht in *Al-Quds al-Arabi* am 30. Oktober 2011) schreibt Subhi Hadidi, dass »Kafranbel zum Sprachrohr von Hunderten von Dörfern und Städten geworden ist, um den täglichen Rhythmus des syrischen Aufstandes weiterzugeben, sei es durch die Aufopferung seiner Einwohner*innen oder durch edle und brillante persönliche Initiativen, die sich in den Bannern des Ortes mit ihren Zeichnungen und Slogans während der Demonstrationen widerspiegeln.«
In der Tat wurde Kafranbel von Beginn der Revolution an zu einem Fixpunkt für die Syrer*innen, die jede Woche auf die Transparente und Fotos von Demonstrant*innen aus drei Generationen warteten, die neben ausdrucksstarken Slogans standen und mit ihren Fingern das »V« des Sieges formten.

100 Mit dem Beginn der Revolution wurde in Syrien eine Gruppe von freiwilligen Übersetzer*innen gebildet, die Artikel, Dokumentationen, Interviews und Zeugenaussagen in verschiedene Sprachen übersetzen. Ihre Arbeit kann auf ihrer Website http://freesyriantranslators.net eingesehen werden.

dern? Wie konnte eine junge Frau wie Wiam Badrakhan Einsamkeit, Hunger und Bombenangriffe im eingeschlossenen Homs ertragen und das Kunststück vollbringen, Gedichte des Widerstands zu schreiben? Warum sind Filmemacher wie Bassel Shehadeh und Tamer al-Awwam aus dem Ausland zurückgekehrt, wo sie sicher lebten, um über die Revolution zu berichten und als Märtyrer zu fallen?

Die politische oder soziologische Forschung könnte einige Antworten liefern, indem sie die Umstände analysiert, die zu dieser Kreativität und dieser außergewöhnlichen Fähigkeit des Volkes zum Widerstand geführt haben. Es bleibt die Tatsache, dass die Entdeckung oder Wiederentdeckung ihres Landes und ihres Volkes durch die Syrer*innen einer der Gründungsakte des Syrien von morgen ist.

Slogans, Moscheen und Strategien

Die Aufrufe und Slogans, die die meisten Demonstrationen und Kundgebungen zwischen März 2011 und November 2012 begleiteten, vermitteln dichten politischen Inhalt in einer prägnanten populären Sprache, die sowohl die allgemeine Stimmung als auch die Veränderungen in den Köpfen der Menschen im Laufe der Zeit zeigte. Nach einer Periode des Beharrens auf dem patriotischen und einigenden Charakter der Bewegung (»Das syrische Volk ist eins«) und dem Wunsch, eine nicht-konfessionelle und nicht-kommunitäre Haltung an den Tag zu legen (z. B. mit den Namen, die den wöchentlichen Tagen der Mobilisierung gegeben wurden: »Karfreitag«, »der Freitag von Sheikh Saleh al-Ali«, »Azadi-Freitag«)[101], wurde das islamische Erbe allmählich zur dominierenden Referenz. Die Demonstrant*innen schienen sich allmählich Gott zuzuwenden, und zwar Gott allein, als ihrer einzigen Zuflucht, da die ganze Welt

101 Die Wahl dieser Namen verdeutlicht den Wunsch, die christlichen, alawitischen und kurdischen »Minderheiten« anzusprechen. Andere Slogans betonten ebenfalls die Notwendigkeit der nationalen Einheit gegen den Despotismus.

sich ihrer Verantwortung ihnen gegenüber entzogen hatte (»Wir haben nur Dich, oh Allah« und »Allahu akbar!«).

Vor allem aber waren die Parolen eine Herausforderung für den Assad-Clan, denn sie beendeten seine angebliche »Ewigkeit«. »Die Ewigkeit wirst du nicht haben, es lebe Syrien, nieder mit Assad«[102], riefen die Demonstrant*innen, oder »Freiheit für die Ewigkeit, trotz dir, Assad«. Und um dies deutlich zu machen und endgültig mit dem Regime zu brechen, verfluchten sie die Seele seines Gründervaters Hafiz al-Assad.

Die Demonstrant*innen hatten mehrere Gründe, sich jeden Freitag, zur Zeit des rituellen Mittagsgebets, in den Moscheen zu versammeln. Der erste ist die Solidarität unter den Gläubigen, die durch dieses kollektive Ritual entsteht. Der zweite ist die große Anzahl von Moscheen in Syrien, deren Ausbreitung vom Regime selbst gefördert worden war.[103] Drittens sind die Moscheen – angesichts des seit 1963 bestehenden Verbots jeglicher politischer Aktivität und jeglicher Versammlung oder Demonstration – zu den einzigen mehr oder weniger zugänglichen kollektiven Räumen geworden. Viertens: Da das Regime bereits seit dem ersten Tag der Revolution mit einem Massaker an den Menschenmengen reagierte, als diese versuchten, die öffentlichen Plätze zu besetzen, blieben ihnen nur die angrenzenden Gassen mit ihren kleinen Moscheen. Fünftens: Freitage, die arbeitsfreie Tage sind, waren geeignet für die gleichzeitige Durch-

102 Die Anhänger*innen des Regimes reagierten auf diese Aufrufe mit dem berühmten Slogan »Assad oder wir werden das Land verbrennen«.

103 Es ist interessant festzustellen, dass das Phänomen des Baus von Moscheen und der Gründung von islamischen Vereinen und Religionsschulen im Jahr 2005 seinen Höhepunkt erreichte. Mit dieser Dynamik setzte Baschar eine Strategie fort, die sein Vater während seines Konflikts mit der Muslimbruderschaft in den frühen 1980er Jahren verfolgt hatte, als er die Kontrolle über das religiöse Leben übernahm und Koranschulen gründete, die seinen Namen trugen, und sich dabei den Muftis und Scheichs des »offiziellen Islam« annäherte. Die Organisation *Al-Qubaysiat*, die junge Mädchen rekrutiert, gehört zu den bekanntesten der islamischen Vereinigungen. Die Ausbreitung des quietistischen Salafismus, der sich von politischen Angelegenheiten fernhält oder dem Regime nahesteht, ist ein Merkmal der beiden Amtszeiten von Baschar al-Assad, ebenso wie die Infiltration dschihadistischer Gruppen, die regelmäßig die syrische Grenze zum Irak überschritten, durch seine Geheimdienste.

führung von mehreren Demonstrationen. Der gleiche Ruf, der von einer Moschee zur anderen hallte, verwirrte die Ordnungskräfte und zwang ihnen einen sehr anstrengenden weitflächigen Einsatz auf. Hinzu kam die spirituelle und moralische Symbolik der Gotteshäuser, die die Entschlossenheit der Demonstrierenden gegen die Angst stärkte, getötet oder verhaftet zu werden.

Die Demonstrationen und die dahinter stehenden Aktionen (Fotografie, Dokumentation und Kommunikation) konzentrierten sich vor allem auf dem Land und in den Vorstädten und Armenvierteln der Städte. Die Teilnehmer*innen rekonstruierten das Netz der menschlichen Beziehungen zwischen den verschiedenen Regionen des Landes. Hunderte von Demonstrationen wurden zur Unterstützung von Daraa organisiert, später auch in Hama, Deir ez-Zor, Homs, Douma und Banias. Dies deutete auf den Wunsch hin, die Einkreisung dieser Städte zu durchbrechen, um zu verhindern, dass die Macht sie vom Rest Syriens isolierte, wie Hama im Jahr 1982. Wenn sich einige Regionen nicht aktiv am Aufstand beteiligten oder zögerten, so geschah dies entweder aus kommunitären Gründen, aus Angst vor dem Verlust realer oder fiktiver Privilegien, oder aus Angst vor »Chaos«. Zirkel von Geschäftsleuten mit wirtschaftlichen und finanziellen Interessen, die es zu verteidigen galt, schürten diese Angst in Damaskus und Aleppo, wo es überdies unmöglich war zu handeln, da die Plätze und Hauptstraßen von Panzern besetzt oder durch Kontrollpunkte der Armee versperrt waren.

Zerstörung von Statuen und Bildern

Die Diktatur von Hafiz al-Assad zielte vor allem auf die »Domestizierung der Zeit« ab: der Zeit der von ihm regierten Untertanen, aber auch der Zeit des politischen Handelns, das er betrieb, um seine Macht und die seiner Familie zu verewigen. Die Wahl von Slogans wie »der ewige Präsident« oder »der Führer für die Ewigkeit« und die jährlichen Feiern zu seinem Ruhm im März,

Oktober und November[104] sind Illustrationen dieser Besessenheit.

Eine der wichtigsten Möglichkeiten, die Zeit zu monopolisieren, war die Errichtung von riesigen Statuen des Präsidenten. Diese eroberten in den späten 1970er Jahren die Plätze einiger Städte, bevor sie sich in den 1980er Jahren ausbreiteten, einer Zeit, in der das Regime mit erschreckender Gewalt wütete. Durch diese Fülle von Statuen signalisierte Assad allen Syrer*innen, dass er sie unerbittlich beobachtet und ihre Seelen auslotet.

Weil die Statuen die obsessive Präsenz des Tyrannen symbolisierten, weil die Haltung ihnen gegenüber zwischen Angst, Verehrung und stummer Verzweiflung schwankte, kündigte ihre Zerstörung im Dutzend die Pulverisierung eines ganzen Herrschaftssystems an.

Beileidsbekundungen als Akt des Widerstands

Die von Assads Clan verübten Verbrechen gaben der üblichen Funktion des Beileids eine neue Bedeutung. Von einer individuellen Geste oder sozialer Empathie gegenüber der oder dem »Verstorbenen« wurde das Beileid zu einem Akt des Widerstands. Es ist eine Mischung aus Gemeinschaft, die notwendig ist, um der Angst zu begegnen, aus Bestürzung über die Zerstörung von Körpern und Gesichtern unter Bombenangriffen und Folter und aus politischer Solidarität, damit das traditionelle Ritual nicht der Endpunkt eines vergeblichen Opfers oder die Anerkennung einer Niederlage ist.

Seit März 2011 gilt der Tod in Syrien nicht mehr als natürlicher oder zufälliger Tod. Er hat sich weit verbreitet und trifft Familien, Nachbar*innen im gleichen Viertel, Warteschlangen vor Bäckereien und Krankenhauspatient*innen. Die Beileidsbekundungen an die Familien sind kollektiv und schnell geworden und spiegeln die schreckliche Wiederkehr des Todes wider.

104 März 1963 war der Monat des Baath-Putsches, Oktober 1973 der Monat des Krieges mit Israel und November 1970 der Monat der »Korrekturbewegung«, die Hafiz al-Assad an die Macht brachte.

Es gibt keinen Raum für individuelle Besonderheiten. Es bleibt keine Zeit, die Erinnerungen, die man vielleicht mit der oder dem Toten geteilt hat, oder den persönlichen Weg, der zu einem solchen Ende geführt hat, zu beschwören. Wie kondolieren wir zum Beispiel den Familien der Opfer von Massakern? Wie kann man hundert Opfern, deren Kehlen mit Messern aufgeschlitzt wurden, die unter Sprengstofffässern verbrannten oder die mit chemischen Waffen erstickt wurden, individuell Tribut zollen, wenn sie am selben Ort, zur selben Zeit, miteinander vermischt und vereint waren? Ganz zu schweigen davon, dass Beileidsbekundungen an sich ein riskanter Akt sind, da die Zeremonie das Ziel eines weiteren Massakers sein kann.

Das Regime tötet nicht nur, es zerstückelt die Leichen. Es liquidiert Männer und Frauen, deren Blut und Gliedmaßen sich so vermischen, dass eine genaue Zählung unmöglich wird. Bei einigen Beerdigungen wurde aufgrund von Fehlern bei der Rekonstruktion der Leichen manchmal eine niedrigere Zahl von Opfern bekannt gegeben. Umgekehrt war manchmal eine größere Anzahl von Gräbern vorgesehen, was in beiden Fällen die Individualität der Toten, ihre Persönlichkeiten, auslöschte und das Ritual des Abschieds veränderte. Manchmal waren die Angehörigen von Opfern desselben Massakers von sich aus bereit, einander ihr Mitgefühl zu zeigen. In diesem Fall spielten sie abwechselnd beide Rollen, die der Trauernden und die der Tröstenden, gefangen zwischen ihrem eigenen Schmerz und der Sorge, den der anderen zu lindern. Sie schufen eine kleine, verletzte Gesellschaft, in der sie ihre früheren Beziehungen und Funktionen abschafften, um die Kraft zu finden, weiter zusammenzuleben.

Syrische Beileidsbekundungen mit ihren verschiedenen Ritualen sind so zu einem Akt des politischen Widerstands geworden. In ihrer Organisation gibt es eine Ablehnung des Todes als Akt der Bestrafung, den das Regime den Opfern und ihren Angehörigen zufügt. Kollektive Beileidsbekundungen, selbst auf Kosten der Intimität des Abschieds von einem geliebten Menschen, sind auch eine Bestätigung des Engagements, eine Gelegenheit, Energien für die Fortsetzung eines Aufstandes zu mobilisieren, den die Massaker zu zerschlagen versuchten. Es ist eine andere Form der Demonstration oder des *Sit-Ins*, eine emotionale Verschmelzung der politischen Akteure.

Frauen und Kämpfer

Während des gesamten ersten Jahres der syrischen Revolution spielten syrische Frauen eine beachtliche politische Rolle bei der Organisation von Demonstrationen, beim Schreiben von Kommuniqués, der Dokumentation von Missständen und der Verwaltung von medizinischer Hilfe und humanitären Diensten.[105] Die Rechtsanwältin Razan Zeitouneh, die sich vor der Revolution der Verteidigung politischer Gefangener gewidmet hatte, beteiligte sich aktiv an der Gründung der »Lokalen Koordinationskomitees«, des »Damaskus-Büros« und des »Zentrums für die Dokumentation von Gewalttaten«.[106] Sie spielte im Untergrund eine wichtige Rolle im juristischen und medialen Geschehen und wollte Syrien nie verlassen, wo sie ihre akribische Arbeit der Archivierung von Missständen und Verstößen in Ost-

105 Wir könnten hier, ohne Anspruch auf Vollständigkeit, Suheir al-Atassi erwähnen, die an der Gründung der »Union der Koordinationskomitees der Revolution« und dann des »Allgemeinen Rates der syrischen Revolution« beteiligt war, bevor sie Vizepräsidentin der Nationalen Koalition wurde. Sie war zuvor Aktivistin im »Dschamal al-Atassi Forum« und wurde am Vorabend der Revolution für kurze Zeit verhaftet. Wir könnten auch Fidaa Haurani, Ärztin und Präsidentin des Nationalen Rates der »Damaszener Erklärung«, erwähnen. Sie lebte in ihrer Stadt Hama, wo sie sich um die Behandlung und den Schutz der Verwundeten kümmerte, bevor sie in den Untergrund gezwungen wurde. Haurani war zweieinhalb Jahre lang eine politische Gefangene gewesen. Die Schriftstellerin Khawla Dunia hat »Najda Now« mitgegründet, einen Verein für menschliche Entwicklung in Syrien und unter Geflüchteten. Sie lebte mehrere Monate in einem Versteck, bis sie nach Beirut abgeschoben wurde. Die Schauspielerinnen Fadwa Soliman, May Skaf und Yara Sabri nutzten ihre Bekanntheit, um die Revolution zu unterstützen. Sie demonstrierten und führten täglich Tagebuch in sozialen Netzwerken, bis sie gezwungen wurden, Syrien zu verlassen. Die ersten beiden starben im Exil in Paris. Die dritte lebt jetzt in Kanada.

106 Das Dokumentationszentrum war die zuverlässigste Informationsquelle und seine Berichte die am besten dokumentierten, bis dann das Syrische Netzwerk für Menschenrechte (www.sn4hr.org) gegründet wurde, dessen Berichte zur Referenz für internationale Institutionen und Organisationen geworden sind.

Ghouta fortsetzte und umfassende Listen der Toten und Gefangenen erstellte. Sie schrieb regelmäßig über die Revolution, ihre Großartigkeit und ihre Brüche.[107] Sie arbeitete auch an der Dokumentation und Sammlung von Informationen und Zeugenaussagen über den Chemiewaffenangriff vom 21. August 2013. Am 9. Dezember desselben Jahres wurde sie zusammen mit ihrem Ehemann Wael Hamadeh, dem Anwalt und Dichter Nazem Hammadi und der Aktivistin Samira al-Khalil (eine ehemalige politische Gefangene unter Hafiz al-Assad und Aktivistin, die ein Tagebuch über das tägliche Leben in der bombardierten und belagerten Ghouta führte)[108] von einer Gruppe von Milizionären entführt, die höchstwahrscheinlich zu Dschaisch al-Islam gehörten (eine bewaffnete salafistische Formation, die die Stadt Douma und ihre Umgebung kontrollierte). Seitdem sind sie verschwunden.

Die wahllose Gewalt des Regimes gegen Demonstrant*innen, Ärzt*innen, Fotograf*innen und Aktivist*innen hat jedoch die Präsenz von Frauen und zivilen Aktivist*innen generell reduziert. Sobald der Aufstand sich zu militarisieren begann, traten desertierte Soldaten und Männer aus meist ländlichen und konservativen Verhältnissen in den Vordergrund. Einige von ihnen zeigten große politische Reife, wie Oberst Youssef al-Jader oder Abu Fourat, der im Dezember 2012 hinter der Befreiung der Militärakademie von Aleppo stand, wo er ermordet wurde. Andere haben sich trotz ihrer geringen politischen Erfahrung durch ihren Mut und ihr effektives Kommando vor Ort ausgezeichnet, wie Abdel Qader Saleh, einer der Kommandeure der Tawhid-Brigade, der im November 2013 starb. Wieder andere, die jetzt die wichtigsten Kampfkräfte befehligen, insbesondere im Rahmen der Dschabha al-Islamiya – der Islamischen Front[109] –, sind

107 Im Oktober 2011 wurde Zeitouneh für ihre Rolle bei der Verteidigung der Menschenrechte und der Dokumentation von Missständen in Syrien mit dem Anna-Politkowskaja- und dem Sacharow-Preis für geistige Freiheit (verliehen vom Europäischen Parlament) ausgezeichnet. Außerdem wurde sie 2012 mit dem Ibn-Rushd-Preis ausgezeichnet.

108 Samira al-Khalil ist zudem die Frau des syrischen Intellektuellen Yassin al-Haj Saleh, der in diesem Buch mehrfach zitiert wird.

109 Zwei der drei Kommandeure der wichtigsten Formationen der Islamischen

stattdessen politisch, ideologisch und organisatorisch abgeschottet und verteidigen ein sektiererisches Projekt, das ein großer Teil der syrischen Opposition ablehnt.

Dieser Übergang von einer zivilen Führung, in der Frauen wichtige Partnerinnen waren, zu konservativen und dann auch islamistischen Militärkommandos bedeutet nicht, dass die Revolution ihren Initiator*innen gestohlen wurde, wie einige Aktivist*innen der ersten Stunde glauben. Es ist vielmehr eine Veränderung, die durch die Umstände, den Zeitfaktor, die geografische Karte der Kämpfe und das Ausmaß der Gewalt, die gegen die syrische Gesellschaft ausgeübt wird, erzwungen wurde. Diejenigen, die in dieser bewaffneten Phase die Führung übernahmen, waren aufgrund ihrer religiösen Ausbildung am ehesten in der Lage, dem Tod mit der Waffe in der Hand zu begegnen. Die Finanzmittel, die an die islamistischen Brigaden flossen, beschleunigten diese Verschiebung, während die anderen, denen die Hilfe fehlte, allmählich verkümmerten.

Das syrische Internet

Zehntausende Syrer*innen und ihre Freund*innen haben entdeckt, dass Facebook, Twitter, Skype, E-Mail und all die Mittel der sozialen Kommunikation, die das Internet bietet, ein unverzichtbarer Teil ihres täglichen Lebens geworden sind. Eine Unterbrechung der Verbindung bedeutete ihre Isolation voneinander und vom Rest der Welt, so als ob sich die Türen eines Gefängnisses für diejenigen, die in Syrien lebten, geschlossen hätten und als ob diejenigen, die gegangen waren, doppelt verbannt wären.

In der Tat ist das Internet für Syrer*innen außerhalb des Landes zu einem Mittel geworden, ihre Landsleute im Land regelmäßig zu besuchen, und für letztere zu einem Ruhepunkt, an dem sie sich ausdrücken und ihre Nachrichten über die Grenzen

Front (Zahran Allouch und Hassan Abboud) waren bis Juni 2011, drei Monate nach Beginn der Revolution, in Damaskus im Gefängnis. Sie wurden plötzlich von Assad freigelassen, zusammen mit Hunderten von anderen radikalen Islamisten.

hinweg teilen können. Aber die wirkliche Innovation besteht darin, dass dieses Werkzeug reale und nicht virtuelle Verbindungen zwischen Menschen geschaffen hat, die eine gemeinsame Geografie und Besonderheiten teilen, die auch greifbar sind. Die Abwesenheit der Menschen im Inneren nach einem Zusammenbruch der Kommunikation wurde für die Menschen draußen unerträglich, als ob sie sich in einem Zustand des vorübergehenden Todes befänden. Umgekehrt verstärkte die Abwesenheit der Exilant*innen das Gefühl des Erstickens und der Enge unter den Syrer*innen im Inneren, zumal sie so der Fotos und Worte beraubt waren, die sie über das Geschehen anderswo informierten.

Der Stellenwert des Internets in der syrischen Revolution erfordert zwei Bemerkungen, die sich einerseits auf die Revolution beziehen, die die digitalen Netzwerke in unserem eigenen Leben bewirkt haben, und andererseits auf die Art und Weise, wie die Syrer*innen das Potenzial dieses Werkzeugs innovativ genutzt haben.

Die erste Bemerkung ist, dass menschliche Beziehungen in der virtuellen Welt extrem komplex sind. Sie gehen nunmehr über die bloßen Funktionen der Kommunikation, Information oder Ablenkung hinaus und berühren die emotionalen Aspekte, ohne die ein wirkliches Leben nicht möglich wäre. Facebook ist wahrscheinlich die Schnittstelle, die am meisten zu dieser Überwindung beigetragen hat, indem sie ihren Nutzer*innen süchtig machende Seiten und Tabs anbietet. Zwischen »Likes« und »Shares«, öffentlichen und privaten Bereichen, dem Austausch zwischen zwei Personen oder innerhalb von Gruppen werden Bindungen geknüpft und gestärkt, was die virtuelle Welt zu einem neuen Experimentierfeld macht. Der und die Einzelne hat die Möglichkeit, sich auf vielfältige Weise auszudrücken, was bei realen Begegnungen nicht unbedingt möglich ist. Indem man also ein Foto, ein Lied oder einen Satz postet, der einen Gemütszustand ausdrückt, sagt man eine gewisse Anzahl von Dingen, die man sonst nicht teilen würde. Niemand würde zum Beispiel in einem Café das Lied singen, das er auf seiner Seite gepostet hat, als seine Freunde online waren. Auch würde niemand ein Foto in der Öffentlichkeit zeigen, um ähnliche Reaktionen wie auf Facebook zu erhalten. Denn die »Facebookianer*innen« sind in ihrer Individualität tendenziell frei von den Verhaltensregeln der realen Welt. Die Abstraktion, als verdichtetes Ausdrucksmittel, findet im virtuellen Raum mehr Möglichkeiten, sich in reale Sprache zu verwandeln. Das Zusammentreffen von Individualität und Abstraktion in sozialen Netzwerken, ihre Metamorphose zu einem »Vorschlag« in jedermanns Reichweite, schafft Verbindungen und Dynamiken, die die Erfindung eines neuen Vokabulars erfordern.

Die zweite Bemerkung ist, dass Syrien durch seine Revolution eine neue Etappe in der Geschichte des Internets eingeleitet hat. Diese Geschichte durchlief zwei Perioden: Die erste ist die der Verbindung zum Web mit einem Computer und einer festen Leitung, die das Individuum auf einem Stuhl, in einem Raum, immobilisiert, ohne dass es sich von seinem physischen Zustand oder von dem Rahmen, von dem aus es mit der Welt kommuniziert, befreien kann; die zweite ist die, in der sich das Individuum, befreit vom Kabel, bewegen und ohne materielle Hindernisse kommunizieren kann, mit tragbaren Geräten, Smartphones und anderen Technologien. Die gleichzeitige Übertragung und die permanente Verbindung mit dem Internet heben die Barrieren des Ortes oder gar der Empfindungswelten auf, als ob das Virtuelle zu einem kollektiven Ort geworden wäre, an dem sich Menschen physisch treffen könnten.

Was Syrien zu dieser beschleunigten Geschichte beigetragen hat, ist, dass es die Phase der Bewegung über sich selbst hinausgetrieben hat. Etwas, das insofern einer Revolution ähnelt, als es die Kraft hat, gleichzeitig ein Bündel widersprüchlicher Gefühle zu wecken. Auf Facebook sammeln wir »Likes« für erschütternde Fotos wie die der Märtyrer*innen, wir vergießen Tränen beim Lesen einer Geschichte, wir lachen über einen Kommentar, wir bewundern einen Artikel oder eine Idee. Und in all dem wird eine immerwährende Bewegung in Gang gesetzt, wird eine Virtualität im Herzen des Realen erzeugt, wird eine Realität durch das Virtuelle hervorgebracht.

Bilder aus Syrien: Mörder mit unbedeckten Gesichtern

Es gibt keinen Präzedenzfall für einen Krieg, eine Revolution oder ein Massaker, die durch Millionen von Filmen und Bildern so genau erfasst worden wären.[110] Die syrische Revolution ist das erste Ereignis dieser Art, das eine solche visuelle Berichterstattung erfährt, sei es in ihren tragischsten Details oder durch die künstlerische Kreativität, die sie hervorgebracht hat. Es ist auch das Ereignis, das am besten durch seine eigenen Akteur*innen, Demonstrant*innen, Kämpfer*innen, Opfer und Bürger*innen – Journalist*innen, die sowohl von seinem Glanz als auch von seinen Schrecken Zeugnis abgelegt haben – dokumentiert worden ist.

Während dieser Aspekt der syrischen Revolution seine positiven Seiten hat, wie z. B. die Archivierung, die Bewahrung von Zeugnissen und die Schaffung von Erinnerung für die Zukunft, ist ein Teil der Nutzung dieser Medienberichterstattung dennoch gefährlich und beunruhigend.

Im Fall Syriens werden sogar die Gesichter vieler der Mörder live gezeigt, und ihre Stimmen sowie einige ihrer Dialoge sind zu hören. Man sieht Gefängniswärter und Henker, die foltern, vergewaltigen oder kaltblütig töten, bei der Arbeit.[111] Wir sehen, wie sie sich an die Opfer wenden. Wir sehen Scharfschützen, die sich an ihre Beute heranpirschen. Einige rufen die Verwandten der Opfer an, um ihnen mitzuteilen, was sie tun werden, und bringen sie so mit ihren gegenwärtigen und zukünftigen Handlungen in Verbindung.

Die Schrecken erscheinen so als Handlungen, die zur täglichen Gewohnheit werden könnten. Diese Verbrecher haben vertraute Gesichter, ähnlich denen, denen wir jeden Tag begegnen. Der Scharfschütze könnte ein Nachbar aus dem Haus gegenüber sein, der Vergewaltiger könnte der Mann sein, dessen Lä-

110 Genau das Gegenteil von dem, was das Regime mit dem Verbot der Anwesenheit von Medien und Journalist*innen erreichen wollte.

111 Einige filmen sich selbst und stellen ihre Bilder auf YouTube oder Dailymotion ein, anderen werden die Handys gestohlen oder abgenommen, wenn sie bei den Kämpfen fallen oder gefangengenommen werden.

cheln wir an diesem Morgen gesehen haben, der Folterer, der seine Gefangenen mit der Messerspitze quält, könnte der Cousin eines Arbeitskollegen oder der Hausmeister der Schule der Kinder sein. Die Tatsache, dass die Gesichter dieser Mörder entblößt sind, ist erschreckend, egal ob es sich um Militärs oder bewaffnete Zivilisten handelt, oder um Mitglieder des Geheimdienstes oder der *Schabiha*. Denn das wird die Heilung vom Fluch der Gewalt in den kommenden Monaten oder Jahren offensichtlich nur schwieriger machen. In all den populären Berichten, die Kriegen oder Revolutionen folgen, gibt es nur sehr wenige Details über die »gewöhnlichen« Mörder. Sobald die Gewalt aufhört, sobald Friedensabkommen unterzeichnet werden, verschwinden die Mörder, und ihre Gesichter verschmelzen mit der Menge. Außerhalb des Kreises ihrer Verwandten wissen nur wenige, was sie getan haben. Während einige in die Hände des Gesetzes fallen, werden die meisten zu normalen Bürgern. Sie tragen Erinnerungen und Geheimnisse mit sich, die sie vielleicht eines Tages preisgeben, aber das ist sehr selten. Deshalb ist der Scharfschütze in der kollektiven Vorstellung immer ein gesichtsloses, namenloses Wesen. Ebenso ist der Bombenleger ein unbeschreibliches Gespenst, der Mörder ein Geist, der den Menschen, die auf dem gegenüberliegenden Bürgersteig vorbeigehen, nicht ähneln kann.

In Syrien ist das Schlimmste zu befürchten, so schwer ist es, sich vorzustellen, was die Kultur der Bilder, sowohl jener der Opfer als auch jener der Mörder, bewirken wird. Dies ist eine erste Erfahrung, bei der die Gesichter der Mörder live gezeigt werden. Wir sehen, wie der Tod Mündern, Händen und Stimmen entspringt. Es werden Einzelpersonen oder Gruppen vor unseren Augen niedergeschlagen, und die Mörder sind Personen, die den Syrer*innen bekannt sind und deren Häuser sie ausfindig machen können. Wenn sie ihre Masken ablegen, können sie nicht mehr zu anonymen Wesen werden, die in der Lage sind, ein normales tägliches Leben mit ihren Angehörigen zu führen.

Die Bilder von Syrien sind daher in gewisser Weise viel mehr als Zeugnisse, historische Archive oder Dokumente. Sie spiegeln das Schlimmste wider, was eine Gesellschaft hervorbringen kann, wenn die seit vierzig Jahren gegen sie ausgeübte Gewalt einen derartigen Grad an Barbarei erreicht. Sie können aber auch als Grundlage für eine zukünftige Versöhnung dienen, nicht mit den Mördern, sondern mit deren Angehörigen, um das Blatt ein für alle Mal zu wenden.

Blockaden, Straßensperren und sichere Gebiete

Nach der Befreiung großer Gebiete im Osten und Norden sowie im Süden und im Rif von Damaskus kappte das Regime unerbittlich Strom- und Telefonleitungen sowie die meisten Dienstleistungen. Es verwehrte den Bewohner*innen den Zugang zu Benzin und errichtete Blockaden, die Medikamente und Lebensmittel beschlagnahmten. Seit dem Frühjahr 2013 blockierte das Regime nach und nach alle Lieferungen in die beiden Ghoutas, das Lager Jarmuk und die südlichen Stadtteile der Hauptstadt. Es zog die Schlinge enger um das bereits eingekesselte Homs und andere Regionen, in denen Kämpfe zwischen dem Regime und der Freien Armee und bestimmten islamistischen Gruppierungen stattfanden. Nach dem Chemiewaffenangriff im Sommer 2013 verschärfte es die Blockade dieser Gebiete mit der erklärten Absicht, deren Bevölkerung auszuhungern, damit sie für ein bisschen Milch und Brot kapituliert. Es begann auch damit, die letzten verbliebenen Passagen abzuschneiden, durch die Treibstoff zu ihnen gelangte. Die Belagerten brauchen ihn dringend, um die Stromgeneratoren in den Feldlazaretten zu betreiben. Ohne Treibstoff und damit ohne elektrischen Strom sind Kranke und Verletzte vom Tod bedroht und Aktivist*innen können sich nicht mehr über Satellitensender mit dem Internet verbinden.

Gleichzeitig festigte das Regime seine Strategie der Fragmentierung des Raumes durch Blockaden und tägliche psychologische Gewalt.[112] Diese Blockaden isolierten die Städte und Regionen, die noch unter ihrer Kontrolle standen – mit Ausnahme

112 Vgl. hierzu den Artikel von Leïla Vignal, »Syrie: anatomie d'une révolution«, 27. Juli 2012: www.laviedesidées.fr.

der Küstenstädte, wo die Kontrolle diskreter war – mit dem Ziel, jede Aktion der Opposition, ob friedlich oder bewaffnet, zu verhindern. Sie waren mit jungen Rekruten und Berufssoldaten besetzt, die erschöpft und nervös waren, da sie seit Monaten gar keinen Urlaub hatten. Darüber hinaus gab es Elemente der Geheimdienste und Milizen, die immer kampfbereit waren und Passant*innen daran erinnerten, dass sie ihnen ausgeliefert waren. Das Regime fügte den Bewohner*innen der von ihm kontrollierten Regionen auch moralische Qualen zu, indem es sie zu Zeugen der Bombardierung von Nachbarregionen machte. Sie sahen Flugzeuge, die über sie hinwegflogen und dann den Tod in andere Gebiete verbreiteten. So gewöhnten sie sich an eine Gewalt, bei der sie selbst Beteiligte waren, passiv, machtlos und gezwungenermaßen. Einige Anhänger*innen des Regimes freuten sich lautstark darüber, was die Beziehungen zwischen den verschiedenen gesellschaftlichen Gruppen nur weiter verschärfte.

Darüber hinaus »sorgte« das Regime mit methodischem Zynismus für die Regionen, die es als seine eigenen betrachtet, entweder auf Grund konfessioneller Zugehörigkeit oder auf Grund von Interessen. Es betonte damit das »normale Leben«, das dort herrschte, mit seinen Tourismusplakaten, Partys, Schönheitswettbewerben, Benzin, elektrischem Strom und reichlich Nahrung. Es richtete folgende Botschaft an die Einwohner*innen der Departements Tartus und Latakia: »Verteidigt uns weiter, damit eure Familien weiterhin in Sicherheit leben können und ihr nicht eines Tages gezwungen seid, in den Straßen eurer Städte und Dörfer zu kämpfen.« Und es gibt den übrigen Syrer*innen zu verstehen: »Das sind unsere Leute, und ihr Leben ist sicher. Ihr habt die Wahl, euch entweder anzupassen und wie sie zu leben, oder weiter unter den Granaten, Luftangriffen, chemischen Angriffen und Blockaden zu leben.«

Allerdings ist es dem Regime noch nicht gelungen, die Trennung zwischen der Küste und dem Rest des Landes durchzusetzen. Das heißt nicht, dass die Rhetorik der »nationalen Einheit« noch glaubwürdig wäre. Aber die Anwesenheit von Hunderten von Intellektuellen und Sozialarbeiter*innen, die eine solche

Trennung ablehnen, und die Ankunft von Hunderttausenden von Geflüchteten, die sich in den beiden ohnehin schon gemischten Küstendepartements niedergelassen haben, erhalten Verbindungen und Dynamiken aufrecht, die einer Trennung zuwiderlaufen. Auch die Regionen, die in begrenztem Umfang an der Revolution beteiligt waren, wie das Departement Suweida und bestimmte Ortschaften in Hasaka, mussten mehr als 600.000 Vertriebene aus den Katastrophengebieten aufnehmen. Dies führt unweigerlich zu zwischenmenschlichen Beziehungen und der gemeinsamen Nutzung von öffentlichen Räumen, deren Auswirkungen auf die Gestaltung des Syriens von morgen heute nur schwer absehbar sind.

Davon abgesehen lebten mehrere Regionen im Norden, Süden, Osten und um Damaskus seit zwei Jahren mit beispiellosen Experimenten der Bürgerschaft: lokale Räte, die die öffentlichen Angelegenheiten regeln.[113] Einige dieser Räte wurden gewählt, andere wurden kooptiert. Einige sind gescheitert und andere haben gehandelt und versucht, ihre Mission zu erfüllen. Aber sie wurden alle durch die Knappheit von Ressourcen und Hilfe sowie die Unmöglichkeit, politische Autorität über die militärischen Kräfte auszuüben, behindert. Diese Autorität wurde auch von islamistischen Gruppen herausgefordert, die religiöse Gerichte gründeten, die oft zweifelhafte Urteile fällten. Dennoch bleiben die lokalen Räte eine interessante Erfahrung, die es zu analysieren gilt, um daraus Lehren für die Zukunft zu ziehen.

Es gäbe noch viel mehr darüber zu sagen, was es dem syrischen »Inneren« ermöglicht hat, wiedergeboren zu werden oder sich selbst zu entdecken und einige seiner Eigenschaften

113 Die Idee für diese Räte stammt ursprünglich von dem syrischen Ökonomen Omar Aziz. Er studierte in Frankreich und arbeitete im Ausland. Als die Revolution ausbrach, beschloss er, nach Syrien zurückzukehren, um an ihr teilzunehmen. Aziz half im Sommer 2012 bei der Gründung des Gemeinderats in Barzeh, bevor er vom Geheimdienst der Luftwaffe des Regimes verhaftet wurde. Er wurde gefoltert, sein Gesundheitszustand verschlechterte sich und er starb im Februar 2013. Er war vierundsechzig Jahre alt. Seine sterblichen Überreste wurden Wochen später an seine Familie übergeben.

zu offenbaren. Übergehen wir die abscheulichen Szenen, den Schmuggel, die Plünderung des antiken Erbes, den Diebstahl von Öl, die illegalen Raffinerien, die die Umwelt zerstören, die Geiselnahmen, die Ausnutzung der Not der Menschen dort, wo das Regime weiterhin versucht, jede Möglichkeit eines normalen Lebens zu zerstören.[114] Wir könnten sicherlich noch ausführlicher auf die konfessionelle Frage eingehen, die mehrere Jahrzehnte alt ist, aber erst in den letzten Jahren aufgrund der Nöte, der sektiererischen Politik des Assad-Clans und der Aktionen der Dschihadisten mit Schärfe gestellt wurde. Man könnte auch die kurdische Frage erwähnen, die wahrscheinlich durch ein Dezentralisierungsmodell gelöst werden muss, die den Kurd*innen ihre politischen und kulturellen Rechte garantiert.

Warum nicht zum Schluss noch einmal zurückkehren zu dem »Erstaunen« über die Fähigkeit zur Ausdauer, zum Trotz und zur Solidarität eines Volkes, das der Barbarei einer Kriegsmaschinerie ausgeliefert ist, die vor nichts Halt macht, um es zu unterwerfen, von den Dolchen des Mittelalters bis zu den Panzern, Flugzeugen, Granaten und chemischen Waffen des 20. und 21. Jahrhunderts? All diese Bilder sind nur Teile eines Puzzles, das einen Teil der syrischen Realität von heute darstellt, das »innere« Syrien, das endlich ans Licht gekommen ist.

---

114 Trotz ihrer Abscheulichkeit sind solche Ereignisse in Zeiten entfesselter Gewalt und Kämpfe nicht außergewöhnlich. Man muss sie in ihren Kontext stellen und andere vergleichbare historische Erfahrungen in Erinnerung rufen.

4

Die Verbündeten des Regimes und die »Freunde des syrischen Volkes«, oder Syrien im regionalen und internationalen Zusammenhang[115]

Seit ihren Anfängen im Jahr 2011 war die syrische Revolution nicht immun gegen feindliche ausländische Interventionen. Denn eine Revolution in einem Land, dessen Regime sich ohne Rücksicht auf den Willen seines Volkes bemüht hat, es zu einem geopolitischen Knotenpunkt zu machen, mit dem sich die ganze Welt auseinandersetzen muss, ist nicht allein mit diesem Regime konfrontiert. Nachdem die Regierung ihr Bündnis mit dem Iran gestärkt hatte, war Syrien Teil einer Achse mit erheblichen militärischen und finanziellen Ressourcen geworden. Später, mit dem Ausbruch der Revolution, wurde diese Regierung zur wichtigsten Speerspitze der regionalen Strategie Teherans, bevor sie sich im Schnittpunkt iranischer und russischer Interessen und der russischen politischen und dann militärischen Offensive im Weltmaßstab wiederfand.

Andererseits hat die syrische Revolution, vor allem nach ihrer Verwandlung in einen bewaffneten Kampf, keine wirksame Unterstützung von den Ländern erhalten, die vorgeben, »Freunde des syrischen Volkes« zu sein (Katar, Saudi-Arabien, Türkei, Frankreich, Großbritannien und die USA). Daraus ergab sich ein eklatantes qualitatives und quantitatives Ungleichgewicht der militärischen Mittel, das sich Monat für Monat aufs Neue bestätigte, was den Konflikt verlängerte und es dem Regime ermöglichte, sich zu behaupten.

115 Dieses Kapitel wurde für die deutsche Ausgabe überarbeitet.

Spätestens nach dem 21. August 2013, dem Datum der Bombardierung der Ghouta von Damaskus mit Sarin-Gas durch das Regime, bei der im Morgengrauen Hunderte von Menschen, darunter ganze Familien, getötet wurden, war klar, dass die allgemeine Tendenz der Regierungen und großer Teile der öffentlichen Meinung auf der ganzen Welt eine Intervention nicht befürwortete, weder zur Unterstützung der Revolution noch zum Sturz des Regimes. Seitdem wurde die Situation lediglich aus der Ferne beobachtet und verwaltet, so dass das Töten weiterging und die Situation sich verschlimmerte, bis der Islamische Staat auftauchte. Im Frühjahr 2014 eroberte dieser nach dem Zentral- und Westirak auch den Osten Syriens. Die Vereinigten Staaten erklärten ihm sofort den Krieg. Ein Jahr später war es Russland, das militärisch intervenierte, um das Regime zu retten, dem es an Truppen mangelte und das im September 2015 nur noch 20 Prozent des Territoriums kontrollierte.

Der Iran und der Schutz seines Verbündeten

Seit Beginn der Revolution hat Teheran dem Regime erhebliche Unterstützung gewährt. Die Expertise des iranischen Sicherheitsapparats in der Unterdrückung von Volksbewegungen und seine technische Beherrschung der elektronischen Spionage, des Ausspähens von Telefonsignalen und von Sendeplattformen für Nachrichten, Bilder und Videos sind äußerst effizient. Sie haben dem Regime (das auch französische, italienische, amerikanische und schwedische Technologie erworben hat) geholfen, eine große Anzahl von Aktivist*innen zu verhaften und die Bewegungen ihrer Mitstreiter*innen zu überwachen.

Als die Revolution eine militärische Wendung nahm, intervenierte der Iran auf drei Ebenen. Die erste war die Planung der Operationen des Regimes, eine Aufgabe, die General Qasem Soleimani von der al-Quds-Brigade der Revolutionsgarden anvertraut wurde; die zweite war die Lieferung von Ersatzteilen, Munition und leichter und mittlerer Kampfausrüstung, zusätzlich zu Kurzstreckenraketen; die dritte war die Ausbildung von Zehntausenden junger Syrer, die meisten von ihnen Alawiten, die die als »Nationale Verteidigungsarmee« bekannte Miliz bilden sollten.

Hinzu kommt, dass der Iran seit dem Sommer 2012 Tausende von irakischen schiitischen Kämpfern und Tausende von libanesischen Hisbollah-Kämpfern direkt mobilisiert hat, um rund um die Hauptstadt Damaskus (Sayyida-Zainab-Gebiet) und in der Nähe von Homs zu kämpfen. Die Zahl dieser Kämpfer wuchs 2013 und dann von 2014 bis 2017 weiter an, wobei diesmal Tausende von Afghanen und Pakistanern mobilisiert wurden. Die Beteiligung dieser schiitischen Milizionäre an den Offensiven in Aleppo im Jahr 2016 und Daraa im Jahr 2018 war ganz entscheidend.

Die Gründe für dieses iranische militärische Engagement in Syrien und diese Bereitschaft, dort riesige Geldsummen auszugeben, während die iranische Wirtschaft unter den Folgen der Blockade und der internationalen Sanktionen leidet, wurden vom ehemaligen Außenminister Ali Akbar Velayati und einem der engen Mitarbeiter Khameneis, Mehdi Taeb, erläutert. Laut ersterem ist »Syrien das goldene Siegel des Widerstands« (d.h. der von Teheran geführten regionalen Achse) und für letzteren ist Syrien »das 35. iranische Gouvernement, und wenn wir es verlieren, werden wir nicht einmal in der Lage sein, Teheran zu verteidigen«.[116] Konkret kann man sagen, dass die wichtige Unterstützung des syrischen Regimes durch Teheran durch drei wesentliche Gründe motiviert ist.

Erstens durch die alte Allianz, die seit 1980 für die beiden Regime von Vorteil war. Teheran suchte einen arabischen Verbündeten, der Saddam Hussein daran hindern würde, den Vorwand eines historischen arabisch-persischen Konflikts für seinen Krieg gegen den Iran zu nutzen. Es suchte auch eine Brücke zum Libanon, um seine Revolution in die dortige schiitische Gemeinschaft zu exportieren. Hafiz al-Assad seinerseits wollte seinen irakischen Rivalen besetzen und erschöpfen, zweifellos auch, um vom Westen und den arabischen Golfstaaten als Vermittler zu Teheran im Falle einer Krise gesehen zu werden. Alle

116 Taebs Erklärung am 14. Februar 2013 bei einer Universitätsfeier der Basij-Milizen in Teheran.

gaben seiner Erpressung nach, aus Angst, dass er komplett in den iranischen Einflussbereich geraten würde. Diese alte Allianz wurde nach 2003 beibehalten, weiterentwickelt und verstärkt.

Zweitens haben die Entwicklungen des letzten Jahrzehnts nach dem Sturz der Taliban und Saddams den Iran zu einem einflussreichen Akteur auf der afghanischen Bühne gemacht, ebenso wie im Irak, wo die Verbündeten des Iran nach dem Abzug der US-Truppen politische und sicherheitspolitische Schlüsselpositionen besetzt und ihre Macht gefestigt haben. Der Iran sieht in Syrien einen Zugang zum Mittelmeer, der den Irak mit dem von der Hisbollah kontrollierten Libanon verbindet und einen Bogen von beeindruckender wirtschaftlicher, militärischer und demografischer Stärke bildet. Außerdem könnte der Iran durch die Ansiedlung an Israels Grenzen das Land davon abhalten, sein Atomprogramm anzugreifen. Deshalb ist die Verteidigung für den Iran gleichbedeutend mit seiner Hegemonie über den Libanon und den Irak und folglich mit der Aufrechterhaltung seiner Rolle als regionale Großmacht.

Ein dritter Grund ist nach Ansicht einiger iranischer Führer die ideologische und konfessionelle Nähe zwischen Schiiten und Alawiten in den vier Ländern. So wäre es möglich, die Schiiten gegen eine mögliche »sunnitische« Zerschlagung der oben genannten Achse unter der Führung von Ankara, Riad und Doha zu mobilisieren.[117]

Russland in Syrien: vom Interventionismus zur militärischen Eroberung

Russland hat sich als der stärkste internationale Akteur bei der Unterstützung von Damaskus und der Behandlung der syrischen Frage erwiesen.

Es hat dreizehn Mal sein Veto im UN-Sicherheitsrat genutzt, um jede Resolution zur Verurteilung oder Sanktionierung des

117 Für weitere Informationen über die Entwicklung der Beziehungen zwischen dem Iran und Syrien in den letzten Jahrzehnten siehe J. Goodarzi, *Syria and Iran*, Tauris, London, 2009.

Regimes zu blockieren, es liefert regelmäßig Waffen und Munition[118] sowie politische und mediale Expertise – Moskau hat angesichts der zaghaften Unterstützung der Opposition durch westliche Staaten nicht nachgegeben.

Diese russische Entschlossenheit von 2011 bis 2015, das Assad-Regime zu retten, mündete in eine direkte militärische Intervention. Tatsächlich führten die russische Luftwaffe und Marine zwischen Ende September 2015 und Ende Dezember 2019 Zehntausende von Angriffen gegen syrische Oppositionsformationen durch. Sie zielten auch auf die medizinische Infrastruktur und Straßenverbindungen in den »befreiten« Gebieten und ermöglichten es den Regimetruppen, pro-iranischen schiitischen Milizen und Gruppen russischer Söldner (die zu privaten, dem Kreml nahestehenden Unternehmen gehörten), die östlichen Bezirke der Stadt Aleppo, die Region Palmyra und dann den Süden des Landes zu erobern, bevor sie in die Ghouta von Damaskus und den Norden des Gouvernements Hama eindrangen. Die Operationen gingen im Januar 2020 in der Region Idlib weiter.

Warum diese russische Politik? Was bezweckt Wladimir Putin mit der Unterstützung für Assad, die bis zur militärischen Intervention im Land geht?

Wir können sieben Gründe für Russlands Unnachgiebigkeit bei der Unterstützung des syrischen Regimes nennen.

Der erste ist die Überzeugung des Kremls, dass Syrien Russland die Möglichkeit bietet, ein starkes Comeback auf der internationalen Bühne zu geben. Weder Washington noch Europa werden es sich leisten können, Russland in irgendeiner Frage zu ignorieren.

Für die Russen bedeutet dies das Ende einer Periode, in der sie marginalisiert waren. Man erinnere sich an den Golfkrieg

---

118 Zwischen 2011 und 2015 gab es eine ununterbrochene russische Hilfe für das syrische Regime in Form von Waffen und Ausrüstung, einschließlich der Lieferung von Hubschraubern, Raketen, Panzern, Granaten und Ersatzteilen. Die Zahlung wurde entweder in Raten geleistet oder gestundet. Seit der direkten Intervention des Jahres 2015 erwartet Moskau, seine laufenden Militärausgaben durch Vereinbarungen und Zusagen von Aufträgen wieder zurückzubekommen.

1991, die Jugoslawien-Kriege und die Nato-Intervention gegen ihre serbischen Verbündeten 1999, die Invasion des Irak 2003 trotz des russischen Vetos oder an das, was sie als Verrat an der Substanz der UN-Sicherheitsratsresolution 1973 vom März 2011 über Libyen ansehen, über die Moskau abstimmen ließ (und die den Sturz Gaddafis nicht autorisierte). Ihre Intervention in Syrien ist sowohl eine Rache am Westen als auch die Krönung einer »Ausweitung«, die in den letzten Jahren auf Kosten der Verbündeten des Westens an ihren Grenzen (in der Ukraine und Georgien) erreicht wurde.

Der zweite Grund ist im Nahen Osten selbst begründet. Das syrische Regime ist ein ehemaliger Verbündeter Moskaus, noch aus der Zeit der Sowjetunion und des Kalten Krieges. Nach dem Tod des ägyptischen Präsidenten Nasser 1970 und dem Rückzug seines Nachfolgers Sadat von der Sowjetunion ab 1973 wurde das baathistische Syrien zum Hauptverbündeten der Sowjets in der arabischen Welt. Zwischen dem Kreml (insbesondere Breschnew, dann Andropow, Tschernenko und Gromyko) und Hafiz al-Assad (zwischen 1971 und 1988) wurden mehrere große militärische, wirtschaftliche und wissenschaftliche Kooperationsprojekte abgeschlossen. Die Zusammenarbeit wurde nach dem Zusammenbruch der Sowjetunion und dann nach dem Tod von Assad und der Machtübergabe an seinen Sohn Baschar fortgesetzt. Russische Firmen und Unternehmen engagierten sich verstärkt in Infrastruktur- und Gasindustrieprojekten in Syrien. Der Handel zwischen den beiden Ländern hat zugenommen. In Tartus an der syrischen Küste ermöglichte ein Abkommen zwischen Damaskus und Moskau den Ausbau des einzigen russischen Militärstützpunkts im Mittelmeerraum, der bis 2020 so umgestaltet werden sollte, dass er Kriegsflotten beherbergen kann. Diese Erweiterung hat stattgefunden, und zu diesem Marinestützpunkt kam 2016 ein weiterer Luftwaffenstützpunkt in Hmaimim hinzu, der seither ausgebaut wird.

Der dritte Grund könnte als konfessionell oder religiös beschrieben werden. Er rührt von der Position der russisch-orthodoxen Kirche her, die eng mit dem Kreml verbunden ist und die das syrische Regime als »Beschützer einer der größten christlichen Minderheiten im Orient« unterstützt, so Vertreter dieser Kirche. Letztere empfehlen auch, den »Aufstieg des Sunnismus« in der Region einzudämmen, der bestimmte an Russland grenzende Republiken erfassen könnte, darunter den Kaukasus und die russischen Republiken mit einer sunnitisch-muslimischen Mehrheit, zumal die »tschetschenische Erfahrung« nicht so weit zurückliegt.

Der vierte Grund hängt mit dem Wunsch Russlands zusammen, seine Fähigkeit unter Beweis zu stellen, seine Verbündeten unter den schwierigsten Umständen zu schützen; dies würde andere Länder ermutigen, sich vertrauensvoll unter seine Fittiche zu begeben, während die USA und andere westliche Länder seit einigen Jahren in ihren Bündnissen weniger konstant erscheinen als zuvor und diese je nach der Prioritätenliste Washingtons verändern.

Der fünfte Grund hängt mit der russischen Rüstungsindustrie zusammen, die zwischen 2003 und 2012 die beiden Märkte Irak und Libyen verloren hat.[119] Sie ist daher nicht bereit, den syrischen Markt zu opfern, der für sie der siebtwichtigste ist.[120] Im Idealfall möchte sie ihn sogar ausbauen.

Der sechste Grund ist ein unverrückbares Prinzip des russischen diplomatischen Ansatzes in den internationalen Beziehungen. Es ist die Ablehnung jeglicher »Einmischung der UN« in irgendeinem Land, wenn die Begründung dafür in der Innenpolitik seiner Machthaber besteht. Für Moskau käme dies einer Infragestellung der Souveränität von Staaten gleich, die es noch

---

119 Im Jahr 2015 gelang es Russland, wieder einen Anteil am irakischen Markt zu übernehmen und einen Anteil am ägyptischen Markt zu erobern. Dadurch konnte es seinen Umsatz steigern.

120 Die Verluste der russischen Militärindustrie in Libyen werden auf 4 Milliarden Dollar geschätzt. Die Rüstungsverträge in zehn Jahren zwischen Moskau und Damaskus (von 2000 bis 2010) belaufen sich auf 1,5 Milliarden Dollar, und 2011 wurden Gespräche zwischen den beiden Hauptstädten über den Kauf von Boden-Boden-Raketen und Luftabwehrsystemen aufgenommen. Siehe Dimitri Trenin »Why Russia Supports Assad«, http://www.nytimes.com/2012/02/10/opinion/why-russia-supports-assad.html.

über das Wesen politischer Regime, internationale Konventionen, Massenverbrechen und die Achtung der Menschenrechte stellt.

Der siebte Grund bezieht sich auf die russische Lesart der westlichen Politik im Nahen Osten seit 2012. Russland hat verstanden, dass der Westen die syrische Opposition nicht entschlossen unterstützte und dass die Obama-Regierung unter keinen Umständen direkt in Syrien intervenieren wollte, da sie nach den irakischen und afghanischen Desastern einen neuen Kurs einschlug. Die Verhandlungen zwischen Washington und Moskau nach dem Chemiewaffenmassaker der Streitkräfte des Assad-Regimes vom 21. August 2013 bewahrten Damaskus zudem vor amerikanischen (und französischen) Militärsanktionen – ein weiterer Beweis für Obamas Rückzug trotz der Überschreitung der berühmten roten Linien durch Assad. Seit dieser Episode hat die russische Unterstützung für das Regime zugenommen, und ein deutlicher Rückgang des westlichen Einflusses und der Glaubwürdigkeit in Syrien ist zu spüren.

Direkte militärische Intervention: Moskaus Vorstoß, seine Ziele und seine Folgen

Zwischen Ende 2014 und dem Frühjahr 2015 zeigte die Entwicklung der militärischen Situation vor Ort in Syrien trotz aller russischen und iranischen Unterstützung, die Damaskus bereits erhalten hatte, zwei für Moskau und Teheran sehr beunruhigende Dynamiken.

Die erste war die militärische Niederlage der Armee des Regimes mit dem Verlust von mehreren Städten und Militärbasen in strategischen Gebieten im Norden und Süden des Landes innerhalb weniger Monate. Der Stützpunkt Wadi Ad-Daif, die Städte Idlib, Dschisr asch-Schughur und Ariha im Norden, der Stützpunkt 52 und mehrere Dörfer um die Achse Daraa–Damaskus im Süden wurden durch die bewaffnete Opposition erobert[121] und öffneten damit den Weg zu neuen Fronten, die die

121 Die wichtigsten bewaffneten Oppositionskräfte, die an diesen Kämpfen beteiligt waren, waren die »Armee der Eroberung« im Norden, bestehend aus islamistischen Kräften, lokalen Brigaden der Freien Syrischen Armee

Mittelmeerküste, die Hochburg des Regimes, und die Hauptstadt Damaskus bedrohten. Gleichzeitig zogen sich die Regimekräfte unter dem Druck der Daesch-Milizen aus der Wüstenstadt Palmyra zurück.

Die zweite Dynamik war der Erfolg des Zermürbungskrieges, den die Opposition gegen die libanesische Hisbollah, die irakischen Milizen und die sie unterstützenden iranischen Berater in der Qalamun-Region nahe der nordöstlichen Grenze des Libanon, in der Stadt Zabadani westlich von Damaskus, im Dschubar-Distrikt östlich der Hauptstadt und in mehreren Orten in der östlichen und westlichen Ghouta führte.[122] Das Scheitern von Assads Verbündeten, die eine Niederlage an diesen Orten nicht hinnehmen konnten, veranlasste den iranischen General Qasem Soleimani, sich an die Fronten in Syrien zu begeben, um zu erklären, dass es »Überraschungen« geben werde[123], und um neue iranische Offiziere und schiitische Milizionäre aus Afghanistan und Pakistan zu mobilisieren, die kommen sollten, um Assads bereits vor Ort anwesende (libanesische und irakische) Verbündete zu unterstützen.

Zu diesen beiden Dynamiken kamen die neue amerikanische Politik gegenüber Daesch seit September 2014 und die von Washington durchgeführten Luftangriffe im Osten und Nordosten

---

und der »Nusra«-Front, die zu »Hai'at Tahrir asch-Scham« geworden war, und die »Südfront« in Daraa, bestehend aus Brigaden und Bataillonen der Freien Syrischen Armee.

122 Bei den Oppositionskräften, die in diese Kämpfe wenige Kilometer von der Hauptstadt Damaskus entfernt verwickelt waren, handelte es sich um die nicht-dschihadistischen islamistischen Gruppen »Ahrar al-Sham«, »Failaq al-Rahman«, »Dschaisch al-Islam« und »Adschnad al-Sham«, die lokalen Brigaden der Freien Armee und die »Nusra«-Front.

123 Der Teheran, der Hisbollah und dem syrischen Regime nahestehende Sender *Al-Mayadeen* hatte am 5. Juni 2015 verkündet, dass ranghohe Offiziere der syrischen Armee und iranische Berater die Kampfzonen besucht hätten. Nach Angaben desselben Senders besuchte der Kommandeur der »al-Quds-Brigade«, General Soleimani, die Ortschaft Dschurin nordwestlich von Hama, um militärische Pläne zur Koordinierung der Operationen der syrischen Armee und zur Durchführung einer Gegenoffensive zu überprüfen.

Syriens hinzu.[124] Dies war eine strategische Entwicklung, die es den USA ermöglichte, den syrischen Luftraum unter den besorgten Blicken Moskaus zu kontrollieren.

Am 26. Juli 2015 rief Baschar al-Assad seine Verbündeten um Hilfe an und verkündete in einer Fernsehansprache, dass das Regime unter großem Mangel an personellen Ressourcen leide und sich an bestimmten Fronten zurückziehen müsse, um die Verteidigung anderer zu gewährleisten.

Das war der Moment, in dem Moskau den Zeitpunkt für gekommen hielt, direkt zu intervenieren, das Regime zu retten und sich als Weltmacht zu präsentieren, die auch fern der eigenen Grenzen zuschlagen kann. In Gesprächen mit Teheran wurden seitdem die Pläne für eine Intervention entwickelt.[125] Die Iraner, die nicht in der Lage waren, ihre Luftwaffe zu entsenden oder weitere schiitische Kämpfer aus den Ländern der Region zu mobilisieren, unterstützten Putins Entscheidung, auch wenn dies bedeutete, dass sie am Boden und in den Verhandlungen auf den zweiten Platz verwiesen wurden, nachdem sie über drei Jahre lang an vorderster Front gestanden hatten.

Daraufhin begannen die Stationierung russischer Truppen und die Vorbereitung des Stützpunktes Hmaimim bei Latakia und dann des Flughafens al-Shayrat im Zentrum des Landes. Schon Mitte September 2015 war Russland bereit, in Syrien militärisch zu operieren.[126] Am 30. September kündigte Putin den Beginn der russischen Intervention an, unter dem Vorwand, die Dschihadisten anzugreifen.[127]

---

124 Die USA führten auch Luftangriffe zur Unterstützung der kurdischen Milizen durch, die in der Gegend von Kobane gegen Daesch kämpften.

125 Laut Reuters, unter Berufung auf Quellen in der Region, besuchten iranische Regierungsvertreter mehrmals Moskau, um die Intervention vorzubereiten. Der wichtigste Besuch war der von General Soleimani.

126 Putin informierte den israelischen Premierminister Netanjahu, der sich am 21. September zu einem offiziellen Besuch in Moskau aufhielt, über die russischen Pläne. Israel, das regelmäßig Luftangriffe in Südsyrien gegen iranische Waffenkonvois fliegt, die für die libanesische Hisbollah bestimmt sind, hat seinerseits seine Bereitschaft bekräftigt, seine Operationen fortzusetzen.

127 Mit dem Wissen, dass sich laut russischer Geheimdienste fast 3.000 Dschihadisten aus den Republiken des Nordkaukasus (der Russischen Föderation) in Syrien befanden.

Mit Luftangriffen, dem Abfeuern von Raketen, Seebombardements und Kriegspropaganda demonstrierte der russische Führer einen »Moment des militärischen Ruhms«, ähnlich dem der USA während der Operation »Desert Storm« im Jahr 1991 gegen den Irak und dessen Truppen in Kuwait.[128] Putin versuchte, Russland als Supermacht zu präsentieren, die von westlichen Wirtschaftssanktionen wegen des Ukraine-Konflikts nicht einmal tangiert wird.[129] Und er wollte auch den syrischen Himmel nicht allein den Amerikanern überlassen. All dies fand mit dem Segen der russisch-orthodoxen Kirche statt, die so weit ging, die Intervention als »heiligen Krieg« zu bezeichnen.

Noch wichtiger ist jedoch, dass die russischen Militäroperationen vor Ort zwei Ziele verfolgten.

Das erste bestand darin, die syrische Opposition zu schwächen, sie in den Regionen an der Mittelmeerküste, im Zentrum des Landes und rund um die Hauptstadt Damaskus sowie in Aleppo zu vernichten. Dies sollte den Regimekräften (und ihren schiitischen Verbündeten) die Rückeroberung von Territorium ermöglichen und das Vorankommen von Daesch im Norden von Aleppo erleichtern, wo die Organisation seit Monaten gegen die Oppositionskräfte um die Kontrolle mehrerer Städte und Dörfer kämpfte. So würde eine neue Konfiguration des Konflikts Moskau erlauben, sich nur auf zwei Hauptkräfte vor Ort zu konzentrieren: das Regime und Daesch. Folglich sollte die Alternative nur zwischen diesen beiden Kräften bestehen.[130] In der gleichen Logik leugneten die Russen von Beginn ihrer Operationen an die Existenz der Freien Syrischen Armee und der »gemäßigten« bewaffneten Gruppen und verkündeten später, dass sie wahllos alle terroristischen Gruppen in Syrien bom-

---

128 »Russia Is Using Syria as a Training Ground for Its Revamped Military and Shiny New Toys«: http://foreignpolicy.com/2015/12/09/russia-is-using-syria-as-a-training-ground-for-its-revamped-military-and-shiny-new-toys/.

129 »Russia Spending $4 Million a Day in Syria to Back Assad Regime«: http://www.military.com/daily-news/2015/10/27/russia-spending-4-million-a-day-in-syria-to-back-assad-regime.html.

130 Das »Institute for Study of War« (ISW) zeigt in einem ausführlichen Bericht vom 14. Oktober 2015, wie russische Luftangriffe Daesch territoriale Gewinne ermöglicht haben: http://understandingwar.org/backgrounder/russian-airstrikes-syria-september-30-october-14.

bardieren würden (womit sie zugaben, dass die Dschihadisten nicht ihr einziges Ziel waren).[131]

Das zweite Ziel war zu erklären, dass Moskau sich nicht mehr mit der Rolle des politischen Sponsors des Regimes begnügen, sondern zum einflussreichsten Akteur in Syrien werden würde, nicht nur kurz-, sondern auch langfristig. Auf diese Weise beanspruchte Russland seinen Platz im Syrien des politischen Übergangs, und sogar im Syrien nach Assad.[132]

Mehr als fünfeinhalb Jahre nach Beginn der russischen Operationen muss man sagen, dass die von Moskau angestrebte signifikante Veränderung des militärischen Kräfteverhältnisses tatsächlich eingetreten ist. Das Regime hat die Regionen zurückgewonnen, die es Ende 2014 und 2015 verloren hat. Die bewaffnete Opposition hat damit die Mehrheit der von ihr gehaltenen Gebiete verloren, und Hunderttausende von Zivilist*innen haben diese Gebiete verlassen, wodurch sich ihre Demografie verändert hat.

Aber auch wenn Russland sich als der wichtigste internationale Akteur im Land durchgesetzt hat (als ausgleichender Faktor zwischen dem Iran und Israel, das seine Luftangriffe gegen die für die Hisbollah bestimmten Raketenkonvois und die Stellungen der Revolutionsgarden in der Nähe der besetzten Golanhöhen fortsetzte; als Sponsor eines Prozesses von trilateralen Verhandlungen mit dem Iran und der Türkei und von lokalen Abrüstungsvereinbarungen; und als »Mandatsmacht« in Syrien nach den mit Damaskus unterzeichneten Abkommen), ist es ihm nicht gelungen, eine endgültige politische Lösung durchzusetzen, die seine militärischen Erfolge krönt. Dafür gibt es viele Gründe. Wir werden sie am Ende dieses Kapitels erwähnen.

---

131 Am 23. Oktober erklärt Kreml-Sprecher Dmitri Peskow gegenüber russischen Nachrichtenagenturen: »In der diffusen Masse der terroristischen und extremistischen Organisationen, die eine Bedrohung für die politische und territoriale Integrität Syriens darstellen, konnten keine gemäßigten Kräfte identifiziert werden.«

132 »Russia Digging In for Long Haul in Syria«: http://www.defensenews.com/story/defense/policy-budget/warfare/2015/12/13/russia-digging-long-haul-syria/77148866/.

Die »Freunde des syrischen Volkes« oder die zögerlichen Verbündeten der Revolution

Angesichts der beiden treuen Verbündeten des Regimes haben einige arabische, regionale und westliche Länder ihre Unterstützung für die Revolution verkündet und sich 2012 unter dem Namen »Freunde Syriens / Freunde des syrischen Volkes« zusammengeschlossen. Sie leisteten manchmal materielle Hilfe für die oppositionellen Kräfte, manchmal begrenzte militärische Hilfe für die Freie Armee und einige islamische Brigaden. Sie haben auch politisch, medial und diplomatisch gehandelt, um Druck auf das Regime auszuüben, indem sie Wirtschaftssanktionen verhängten.

Es gibt jedoch einen signifikanten Unterschied zwischen der Unterstützung durch die Verbündeten des Regimes und derjenigen durch die »Freunde« der Revolution. Russland und der Iran ergriffen von sich aus die Initiative zur Unterstützung Assads, da es um die Verteidigung ihrer unmittelbaren Interessen in Syrien ging. Beide betrachteten dieses Engagement als strategische Priorität und zögerten nicht, ihre Unterstützung beim geringsten Anzeichen einer Schwächung des Regimes zu verstärken, da sie nur ein Ziel hatten: den Sieg. Was die »Freunde« der Revolution betrifft, so wurden einige von ihnen unter Zwang dazugeholt, andere mit dem Ziel, die Revolution zu kontrollieren, und wieder andere, um der iranischen Offensive entgegenzuwirken. Außerdem haben einige von ihnen sogar erklärt, dass sie es vorziehen, eine Einigung mit dem Regime zu erzielen, anstatt den Kampf bis zum Ende, d.h. bis zu dessen Sturz, fortzusetzen.

Türkei: Unterstützung, kurdische Obsession und Neupositionierung

Die türkische Regierung hat im Juni 2011 die Entscheidung getroffen, die syrische Opposition zu unterstützen. Dieser Entscheidung gingen zwei erfolglose Besuche von Außenminister Davutoğlu sowie von Ministerpräsident Recep Tayyip Erdoğan in Damaskus voraus, mit dem Ziel, Baschar al-Assad davon zu überzeugen, Reformen einzuleiten und einige der Verantwortlichen für die Massaker an Demonstrant*innen zu verhaften.[133]

Die Türkei koordinierte ihre Entscheidung, die syrische Opposition zu unterstützen, mit Katar und öffnete ihre Grenzen zunächst für Deserteure aus der Armee des syrischen Regimes und dann für Geflüchtete. Istanbul wurde auch der Sitz der ersten erweiterten Versammlung der syrischen Opposition: des Nationalrats. In ähnlicher Weise erlaubte die Türkei ab 2012 die Passage von Dutzenden von Lieferungen leichter und mittelschwerer Waffen durch ihr Territorium, die an die im Norden und Osten Syriens kämpfenden revolutionären Gruppierungen geliefert werden sollten. Sie erschien somit als Hauptverbündete der Revolution in den zwei Jahren nach deren Ausbruch.

Diese Unterstützung aus der Türkei war vor allem auf die Regierungspartei (die AKP) und ihre islamische Gesinnung und Verbundenheit mit der syrischen Muslimbruderschaft zurückzuführen. Im Gegensatz dazu standen die säkularen »kemalistischen« Parteien sowie die meisten linken Kräfte der Revolution von Anfang an feindlich gegenüber, weil sie sie für islamistisch hielten, oder einfach, weil Erdoğan und seine Partei sie unterstützten. Ebenso wurden Geschäftsleute und Investoren, die im letzten Jahrzehnt von den Handels- und Tourismusbeziehungen mit Syrien profitiert hatten, durch die Ereignisse geschädigt. Die Verlagerung von Fabriken und Lagern (legal oder illegal) aus Nordsyrien in die Türkei hat wahrscheinlich nicht alle Verluste kompensiert. Diese internen Spaltungen behinderten offensichtlich die Regierung. Außerdem vermied die Türkei so weit wie möglich einen Bruch mit Moskau und Teheran, sowohl aus wirtschaftlichen als auch aus politischen Gründen, die mit der Situation in Zentralasien und der Politik der guten Nachbarschaft zusammenhängen, die sie in den vergangenen Jahren verfolgt hat.

---

133 Auf Erdoğans Besuch folgte der letzte Besuch eines türkischen Regierungsvertreters in Syrien am 9. August 2011. Der Außenminister übermittelte Assad die Botschaft, dass sich die Situation verschlechtern und komplexer werden würde, wenn das Regime nicht schnellstens die repressiven Maßnahmen in Hama und anderswo im Land lockere.

Es gibt zudem ein vorrangiges politisches Problem für Ankara, das alle seine politischen Kräfte beschäftigte (und heute noch mehr beschäftigt): die kurdische Frage. Die Türkei befürchtet, dass die Kurd*innen in der Lage wären, eine Autonomie im Nordosten Syriens durchzusetzen, die von ihren eigenen bewaffneten Kräften verwaltet würde. Es ist wahrscheinlich, dass die türkische Regierung durch die vorübergehende Duldung (zwischen Sommer 2012 und Frühjahr 2013) des Eindringens dschihadistischer Kämpfer über ihre Grenzen nach Nordsyrien versuchte, die kurdischen bewaffneten Kräfte in die Defensive zu drängen und sie daran zu hindern, sich an den Kämpfen im Inneren zu beteiligen und in die Türkei vorzudringen. Als sich die Situation jedoch durch das Erstarken des Islamischen Staates, Daesch, und die Eroberung einiger Grenzübergänge durch die Dschihadisten verschlechterte, bevor diese 2014 ihr Kalifat ausriefen, musste Ankara seine Pläne revidieren und eine strenge Kontrolle der Grenzen einführen.

Nun zwangen der von den Amerikanern im August 2014 erklärte Krieg gegen Daesch und ihre Zusammenarbeit mit kurdischen Milizen im Kampf gegen die Dschihadisten einerseits, die russische Militärintervention im September 2015 und die darauf folgenden Spannungen mit Moskau andererseits die Türkei zu einer Änderung ihrer Politik in Syrien. Ein Wandel, der sich Ende 2016 nach dem versuchten Militärputsch gegen Erdoğan verstärkte, welcher nicht nur seine Armee schwächte (durch die Verhaftung tausender Offiziere und Soldaten, einschließlich eines großen Teils der Luftwaffe), sondern Ankara auch zu einer engen Zusammenarbeit mit Moskau drängte, da es sich vom Westen und der NATO verraten fühlte, die nicht solidarisch mit ihrem »Verbündeten« reagierten.

Daraufhin intervenierte die Türkei ihrerseits 2016 und 2018 militärisch in Syrien, bevor sie 2019 dort einmarschierte. Ihre Interventionen richteten sich zumeist gegen die kurdischen Milizen, die dank der amerikanischen Unterstützung im Krieg gegen Daesch erfolgreich waren. Ankara richtete eine Sicherheitszone ein, und eine Reorganisation der militärischen Kräfte der Opposition in diesem Gebiet stellte diese vollständig unter türkisches Kommando. Gleichzeitig förderte die Türkei zusammen mit Russland und dem Iran eine Reihe von Vereinbarungen und einen Verhandlungsprozess zwischen der Opposition und dem syrischen Regime, ohne dass es gelang, Moskaus Wunsch zu zügeln, dem Regime die Kontrolle über mehr Territorium im Norden zu ermöglichen, um die Straßenachsen zwischen Damaskus und Aleppo zu sichern.

Die Konkurrenz zwischen Katar und Saudi-Arabien

Seit dem Ausbruch der Revolution waren die arabischen Länder uneins darüber, wie sie mit der syrischen Frage umgehen sollten. Ihre Regierungen vertraten bei Treffen der Arabischen Liga unterschiedliche Positionen, einigten sich aber schließlich im November 2011 darauf, die Mitgliedschaft Syriens auszusetzen.

Im Gegensatz zu den Ländern, die die Revolution unterstützten oder neutral blieben[134], haben Algerien und der Irak konsequent für das syrische Regime gestimmt und sich gegen die Sanktionen ausgesprochen. Der Libanon schloss sich diesen beiden Ländern an, bevor er sich für die Neutralität entschied, insbesondere auf UN-Ebene.[135] Die effektive Unterstützung der arabischen Länder für die Revolution war jedoch auf Katar und Saudi-Arabien beschränkt.

Das erste arabische Land, das die Revolution unterstützte, war Katar. Der reichweitenstarke und einflussreiche Sender *Al-*

---

134 Ägypten unterstützte die syrische Revolution politisch bis zum Sturz von Mohammad Morsi durch Sissi und die Armee im Juni 2013. Die tunesischen Behörden taten dasselbe, was zu feindseligen Reaktionen seitens einiger politischer Kräfte führte. Die Regierungen von Marokko und Jemen (nach dem Rücktritt von Ali Abdallah Saleh) nahmen zwar eine dem syrischen Regime gegenüber ablehnende Haltung ein, griffen aber nicht direkt in die syrische Frage ein. Jordanien seinerseits hat, obwohl es den Saudis erlaubt hat, Waffen über seine Grenzen zu schmuggeln, nicht mit Damaskus gebrochen, und der Botschafter des syrischen Regimes in Amman blieb dort bis 2014.

135 Der Libanon ist das Land, das am empfindlichsten auf die Wechselfälle der Situation in Syrien reagiert, da die Libanes*innen tief gespalten sind, welche Position sie einnehmen sollen. Die Hisbollah, die sowohl in der libanesischen Regierung als auch im Parlament vertreten ist, schickt Tausende ihrer Kämpfer zur Unterstützung des Regimes, während die Armee nicht in der Lage ist, sie zu stoppen und die Grenzen zu kontrollieren.

Jazeera, der bereits die Revolutionen in Tunesien, Ägypten, Libyen und im Jemen begleitet hatte (und über die Ereignisse in Bahrain berichtete, allerdings nur über seinen englischsprachigen Kanal), begann im Mai 2011, sechs Wochen nach deren Beginn, über die Demonstrationen in Syrien zu berichten. Diese Verzögerung ist auf die Unsicherheit seiner Leitung zurückzuführen, da Katar sich zwischen 2004 und 2010 dafür entschieden hatte, das syrische Regime und seine Verbündeten auf der libanesischen Bühne zu unterstützen. Sein offizieller Diskurs in diesen Jahren war der der Kräfte der *mumanaa* (Widerstand) gewesen, und sein Emir spielte den Vermittler zwischen Damaskus, Paris und Washington, indem er die Schwächung der traditionellen Führungen (genauer gesagt Ägyptens und Saudi-Arabiens) ausnutzte, um Einfluss auf der arabischen politischen Bühne zu gewinnen, gestärkt durch ein Rekord-Wirtschaftswachstum, enorme finanzielle Mittel und einen eisernen Pragmatismus. Sein unbändiger Ehrgeiz, eine Regionalmacht zu werden, führte ihn dazu, die arabischen Revolutionen zu unterstützen und damit 2011 einige seiner Ziele zu erreichen.[136]

Die frühe Berichterstattung von *Al-Jazeera* über die Proteste in Syrien unter Mitwirkung von Bürgerreporter*innen (aufgrund des Verbots für ausländische Journalist*innen, in Syrien tätig zu sein) und die Ausstrahlung von Filmen, die von ihnen auf YouTube gepostet wurden, um die gegen sie verhängte Medienblockade zu durchbrechen, provozierte einen polemischen Austausch zwischen Doha und Damaskus, der schnell eskalierte. Der katarische Premier- und Außenminister Hamad Ben Jasem besuchte daraufhin Syrien in dem Versuch, Assad davon zu überzeugen, seine Politik zu ändern, um das Schlimmste zu verhindern, aber ihr Treffen endete in einer Auseinandersetzung, die zu einem vollständigen Bruch zwischen den beiden Ländern und der Schließung der katarischen Botschaft in Damaskus im

136 In diesem Zusammenhang könnte man auch sagen, dass Katar die Zeit für die Bildung neuer arabischer Regierungen, die von der Bewegung der Muslimbruderschaft dominiert werden, für gekommen hielt. Durch die Unterstützung dieser Regierungen hoffte Doha, in enger Allianz mit der Türkei eine regionale Führungsrolle zu übernehmen.

Juli 2011 führte.[137] Anfang 2012 war es Katar, das mit Hilfe der Türkei die ersten Waffenlieferungen an die Aufständischen lieferte. Mit der Ausbreitung der Kämpfe erhöhte Katar bis 2015 seine militärische Unterstützung für die Opposition, insbesondere für die mehr oder weniger mit der Muslimbruderschaft verbundenen Brigaden.

Saudi-Arabien hingegen war bereits sehr besorgt über die neue Situation in der Region, insbesondere in Ägypten. Als die syrische Revolution ausbrach, waren seine Prioritäten Bahrain und Jemen, seine engen Nachbarn. In Bahrain behielt es die Ereignisse genau im Auge und schickte im Rahmen der sogenannten »Peninsula Shield«-Operation eine Militäreinheit, um den Behörden in Manama bei der Unterdrückung schiitischer Demonstrant*innen zu helfen, die es als iranische Gefahr und Bedrohung für die Stabilität ihres eigenen Regimes ansah. Im Jemen suchte es eine Lösung, die nicht zu radikalen Veränderungen führte, auch wenn dies den Sturz von Präsident Ali Abdullah Saleh bedeutete. Es war auch besorgt über die türkisch-katarische Zusammenarbeit, die die Positionen von Doha festigte, sowie über den Machtzuwachs der Muslimbruderschaft, zu der es seit drei Jahrzehnten schlechte Beziehungen unterhielt.[138]

Trotz der Meinungsverschiedenheiten zwischen Riad und Damaskus seit der Ermordung des libanesischen Premierministers Rafik Hariri in Beirut im Jahr 2005 wartete Saudi-Arabien bis August 2011, bis es eine feste Haltung gegenüber dem syri-

137 Quellen aus den Golfstaaten berichteten der libanesischen Tageszeitung *An-Nahar* am 13. Mai 2013, dass Assad Katar damit gedroht habe, dessen Investitionen in Syrien zu beschlagnahmen, falls *Al-Jazeera* weiterhin über die Proteste in Syrien berichten würde. Der katarische Beamte soll geantwortet haben, dass solche Drohungen die Beziehungen zwischen den beiden Ländern ernsthaft beschädigten. Dieselben Quellen fügten hinzu, dass Katar, das allein in die Organisation der Fußballweltmeisterschaft zig Milliarden Dollar investiert hat, für solche Warnungen unempfänglich sei.

138 Der saudische Mufti Ben Baz hatte aus wahhabitischer Sicht die Ideen der Muslimbruderschaft mehr als einmal angeprangert, und Emir Nayef, der frühere Innenminister, hatte 2002 in einer berühmten Stellungnahme die Auffassung vertreten, die Bruderschaft begünstige die Extremisten der islamischen Welt und wirke sich negativ auf das Image des Islam und Saudi-Arabiens sowie auf die Beziehungen dieses Landes zur Welt aus.

schen Regime einnahm. Im selben Monat begann der Sender *Al-Arabiya*, wie zuvor schon der libanesische Sender *Al-Mustaqbal*, diese Haltung widerzuspiegeln, indem er den Ereignissen in Syrien zunächst etwas mehr Bedeutung als zuvor beimaß, bis er ausführlich über sie berichtete. Wie *Al-Jazeera* ist dieser Sender weit verbreitet und sehr einflussreich in der arabischen Welt. Seitdem arbeitet Saudi-Arabien zunächst in verbindlicher Abstimmung mit Katar und der Türkei, dann in Konkurrenz zu diesen beiden Ländern, an der Bewaffnung der Aufständischen jenseits der jordanischen Grenze, die aufgrund ihrer geografischen Nähe zu Damaskus von strategischer Bedeutung ist. Es unterstützte auch den Syrischen Nationalrat, bevor es im Einvernehmen mit den USA, Katar und Frankreich der Syrischen Nationalkoalition den Vorzug gab, in der – obwohl erst im November 2012 in Doha gegründet – seine Verbündeten immer aktiver wurden.

Saudi-Arabien hielt seine Hilfe für syrische Kämpfer während der Jahre 2013 und 2014 aufrecht. Sein Hauptziel war es, dem Vormarsch des Iran in der Region entgegenzuwirken. Die Konkurrenz zwischen Katar, der Türkei und Saudi-Arabien auf der einen Seite und das Zögern des Westens (siehe unten) auf der anderen Seite verhinderten jedoch die Definition einer klaren politischen Strategie des regionalen Lagers zugunsten der Revolution. Aus denselben Gründen (und vielen anderen) war die Revolution nicht in der Lage, Zugang zu schwerer Bewaffnung zu erhalten, die es ihr erlaubt hätte, das Regime und seine Verbündeten zu bekämpfen und zu besiegen. Der schlechte Ruf des saudischen und katarischen Regimes bei großen Teilen der öffentlichen Meinung im Westen sowie der Mangel an Demokratie in diesen beiden Ländern haben dem Image der syrischen Revolution geschadet (und die Debatten über Syrien haben sich manchmal auf die Frage der Arbeiter*innenrechte in Katar oder der Frauenrechte in Saudi-Arabien verlagert).

Die Ziele dieser beiden Golfstaaten waren sicherlich nicht die Errichtung eines demokratischen Regimes in Syrien, sondern für Doha war es die Bestätigung seines neuen regionalen Status und für Riad die Wiederherstellung des eigenen Status gegenüber dem Iran. Die verschiedenen syrischen Oppositionsgruppen haben es nicht immer geschafft, ihre Unabhängigkeit von den beiden Hauptstädten (und auch nicht von Ankara) zu demonstrieren, was den Eindruck erweckt hat, dass der gesamte Volksaufstand ihnen untergeordnet und von ihnen abhängig sei.

Im September 2015 endete sowohl die saudische als auch die katarische militärische Unterstützung für die Opposition. Die russische Intervention und die radikale Veränderung des Kräfteverhältnisses vor Ort zugunsten des Regimes und seiner Verbündeten, der saudische Krieg im Jemen, gefolgt von dem diplomatischen Bruch zwischen Riad und Doha, beendeten jede direkte Beteiligung der beiden Golfstaaten. Die Türkei ist damit das einzige sunnitische Land, das direkt in Syrien involviert ist.

Die Vereinigten Staaten und Europa: Mangelnde Motivation und fehlender öffentlicher Druck

Es ist unmöglich, die Position der Vereinigten Staaten zu ausländischen Interventionen, insbesondere im Nahen Osten, seit der Wahl von Barack Obama im November 2008 zu verstehen, ohne die Veränderungen in der amerikanischen Gesellschaft und die neuen Tendenzen der Wähler*innen zu berücksichtigen, insbesondere derjenigen, die Obama ins Weiße Haus gebracht haben. Die meisten von ihnen stehen seit dem Irak-Krieg 2003 ausländischen Interventionen ablehnend gegenüber, insbesondere militärischen, da diese mit enormen Kosten und hohen Verlusten an Menschenleben verbunden sind und als einer der Gründe für den Hass auf Amerika in der ganzen Welt gelten. Diese Wählerbasis verlangte, dass den wirtschaftlichen und sozialen Problemen im Inland oberste Priorität eingeräumt werden sollte. In seinem Wahlkampf 2008 versprach Obama, dies zu tun, und er wiederholte dieses Versprechen, als er für eine zweite Amtszeit kandidierte.

Außenpolitisch war Syrien ohnehin nicht die oberste Priorität Washingtons in der Region. Dessen Hauptsorge galt jahrelang der iranischen Atomfrage, gefolgt von der Situation im Irak und den quälenden Verhandlungen zwischen Israelis und

Palästinensern. Hinzu kam 2013 die Situation in Ägypten mit dem Konflikt zwischen der Armee und der Muslimbruderschaft. Die Vereinigten Staaten mussten auch die Interessen Israels berücksichtigen, das seit Beginn der Revolution keinen Hehl daraus gemacht hat, dass es Assad an der Macht halten möchte.[139] Dies war, bevor gewisse israelische Amtsträger ihre Gleichgültigkeit darüber demonstrierten, ob er gehen oder an der Macht bleiben sollte, solange seine chemischen und ballistischen Waffen unter Kontrolle waren und die Sicherheit der Grenze auf den Golanhöhen gewährleistet blieb.[140]

Deshalb begnügten sich die USA bis August 2013 damit, ihre Unterstützung für die Opposition zu bekunden und gemeinsam mit Frankreich und Großbritannien zu versuchen, den Sicherheitsrat dazu zu bewegen, Resolutionen zu verabschieden, die das Regime verurteilten, und Wirtschaftssanktionen gegen es zu verhängen. Nachdem dies jedoch am Veto Russlands und Chinas gescheitert war, beschlossen sie selbst zusammen mit den Europäern wirtschaftliche und politische Sanktionen gegen Einzelpersonen und Gruppen in Syrien, dem Iran und dem Libanon wegen deren Mitschuld an den Unterdrückungsmaßnahmen und Massakern des Regimes. In ähnlicher Weise baten sie zwischen 2012 und 2015 ihre Verbündeten (Katar, die Türkei und Saudi-Arabien), die Opposition mit Waffen zu versorgen, sofern diese Lieferungen keine Flugabwehr- oder Panzerabwehrraketen der neuen Generation enthielten, unter dem Vorwand, dass diese Waffen in die Hände von »terroristischen« Gruppen fallen könnten. Sie entsandten auch Offiziere nach Jordanien und in die Türkei, um Rebellengruppen und Deserteure aus der Armee des Regimes zu betreuen, die Situation ge-

---

139 Mehrere Artikel, die in israelischen Zeitungen veröffentlicht wurden, glaubten, dass das Festhalten an Assad dem Chaos oder dem »radikalen Islam« vorzuziehen sei. Die Analyse von Yaakov Katz in der *Jerusalem Post* vom 23. März 2011 unter dem Titel »For all his faults, Assad is the devil we know« bringt diese Ansicht am besten zum Ausdruck.

140 Die israelische Position änderte sich nach der russischen Intervention, die Tel Aviv in seinen Interessen bestärkte, und israelische Beamten sagten, dass ihre einzige Priorität in Syrien die Vertreibung der Iraner und der libanesischen Hisbollah aus dem Land geworden sei.

nauer zu überwachen und in Zusammenarbeit mit Jordanien eine schnelle Eingreiftruppe auszurüsten, die in der Lage sein sollte, die Kontrolle über Orte zu übernehmen, die im Verdacht standen, syrische Chemiewaffen zu lagern.

Der Aufstieg von Daesch im Jahr 2014 im Irak und dann in Syrien hat den amerikanischen Ansatz teilweise verändert. Nach der Hinrichtung eines in Syrien festgehaltenen amerikanischen Staatsbürgers durch Daesch sah sich Washington gezwungen einzugreifen, gründete mit seinen Verbündeten eine internationale Koalition und erklärte dem Islamischen Staat den Krieg. Diese Koalition stützte sich in Syrien auf kurdische Milizen und erlaubte ihnen schwere Bewaffnung und Ausbildung. Im Irak hingegen stützte sie sich auf die Armee, die kurdischen Peschmergas und die schiitischen Milizen, die vom Iran ausgebildet und überwacht wurden. Während sie also Daesch bekämpften, festigten die Vereinigten Staaten die iranische Hegemonie im Irak und verärgerten die Türken in Syrien, die gegen die Zusammenarbeit der USA mit den Kurd*innen waren. Die Amtsübernahme durch Donald Trump änderte die Situation nicht radikal, obwohl das offizielle Ende der Operationen gegen Daesch im Jahr 2017 auch die indirekte Zusammenarbeit mit Teheran im Irak beendete und den Türken erlaubte einzugreifen, um die kurdischen Milizen in Syrien zu schwächen.

Seitdem scheinen die USA keine syrische (oder irakische) Strategie zu haben, abgesehen von ihrer (vorläufigen) Ablehnung der russischen Projekte für eine endgültige politische Lösung und der Aufrechterhaltung einer militärischen Präsenz im Osten und Süden des Landes, die es ihnen ermöglicht, die iranischen Nachschublinien zwischen dem Irak und Syrien zu bedrohen, die Ölgebiete zu sichern und einer der wichtigen Akteure im Einsatzgebiet zu bleiben.

In Europa haben einige Länder Positionen eingenommen, die klarer sind als die der Vereinigten Staaten, aber nicht ausreichend wirksam. So unterstützten Frankreich und Großbritannien (bis zum Auftauchen von Daesch auf der syrischen Bühne 2014) das Prinzip der Bewaffnung des Aufstands, während andere Staaten, wie Deutschland, Schweden und Österreich, dagegen waren und wieder andere, wie Spanien und Italien, zwischen diesen beiden Polen unschlüssig blieben. Die Europäische Union hat versucht, eine Lösung für das Problem zu finden, aber ohne Erfolg.

Hinzu kommt, dass Europa (als politische Union) seit Jahren zögert, außerhalb seiner Grenzen zu intervenieren. Die der Verteidigung zugewiesenen Budgets werden immer geringer.[141] Die Mehrheit der EU-Bürger*innen steht Interventionen in Ländern, aus denen eine große Anzahl von Geflüchteten und Einwander*innen nach Europa zu kommen droht, ablehnend gegenüber. Die öffentliche Meinung steht auch den Folgen der Intervention in Libyen im Jahr 2011 skeptisch gegenüber und ist seit dem Aufstieg von Daesch und seinen Verbrechen einem Medienhype ausgesetzt, der den »Terrorismus« mit der Destabilisierung des »syrischen Staates« und anderer Staaten in der Region in Verbindung bringt. Europa wird vor allem seit einigen Jahren von besonders schweren Finanzkrisen erschüttert, wie es sie seit Jahrzehnten nicht mehr gab. Es erlebt auch den Aufstieg einer fremdenfeindlichen und pro-russischen extremen Rechten, die das Thema »Flüchtlinge« regelmäßig als Instrument einsetzt.[142] All dies bedeutete, dass sich seine Unterstützung für die Revolution bis 2015 (dem Zeitpunkt der russischen Intervention) auf französische diplomatische Bemühungen (mit technischer und logistischer Unterstützung), französisch-britische Initiativen, die in der Ausbildung dissidenter Offiziere bestanden, und Sanktionen gegen Personen und Unternehmen, die den syrischen Behörden nahestanden, beschränkte.

---

141 Nach Angaben des Sipri-Instituts machten die Militärausgaben von Großbritannien, Frankreich, Deutschland und Italien, die zusammen die höchsten Verteidigungsbudgets in Europa haben, im Jahr 2011 12% und im Jahr 2012 11,5% der weltweiten Militärausgaben aus. Die Ausgaben der Vereinigten Staaten wurden im Jahr 2011 auf 41% der weltweiten Ausgaben geschätzt, im darauffolgenden Jahr auf 39%.

142 Dabei ist zu beachten, dass Deutschland, gefolgt von Schweden, das Land ist, das die meisten syrischen Geflüchteten in Europa aufgenommen hat. Fast eine Million Menschen haben dort Zuflucht gefunden. Mehr als fünf Millionen befinden sich noch immer in der Türkei, dem Libanon, Jordanien, Ägypten und dem Irak.

Was die Chemiewaffenangriffe über internationale Beziehungen und die öffentliche Meinung aussagen

Im August 2012 zog Obama eine einzige »rote Linie« in Bezug auf die Gewalt des Assad-Regimes, nämlich die des Einsatzes von Chemiewaffen. Diese Linie drückte eindeutig den Wunsch Amerikas aus, jede direkte Intervention in den Konflikt zu vermeiden und bedeutete – wenn auch indirekt –, dass nur der Einsatz »strategischer« Waffen von Washington nicht toleriert würde, nicht aber die Fortsetzung der Massaker mit traditionellen Waffen.

Da sich das syrische Regime durch eine amerikanische Intervention nicht bedroht fühlte, setzte es bei der Unterdrückung sein Arsenal an Flugzeugen, ballistischen Raketen, Panzern und anderen schweren Waffen ein. Es testete sogar die amerikanische Entschlossenheit in Bezug auf chemische Waffen, indem es bei verschiedenen Gelegenheiten Sarin-Gas einsetzte, wie zahlreiche medizinische Berichte belegen.[143]

Ein französisches Militärlabor hat bescheinigt, dass Haar-, Blut- und Urinproben sowie Bodenproben, die zwei Mitarbeiter der Tageszeitung *Le Monde* im Stadtteil Dschobar nordöstlich der Hauptstadt Damaskus gesammelt hatten, Spuren des im April 2013 gegen Aufständische eingesetzten Gases enthielten. Aber nach der Veröffentlichung des Berichts am darauffolgenden 27. Mai und trotz der genauen Details, die er enthielt, begnügte sich das Weiße Haus mit der Feststellung, dass »die rote Linie in Syrien in der Tat überschritten wurde« und dies »die Spielregeln« verändert habe, ohne dass in der Folge irgendetwas entschieden oder konkretisiert worden wäre, in welcher Weise sich die »Spielregeln« verändert hätten.

Am 21. August 2013 griff die syrische Armee von ihren Stützpunkten nördlich des Berges Qassiun aus Zamalka, Ibrine und die Ränder von Madamiya in den beiden Ghoutas von Damas-

143 Es wird vermutet, dass das Regime erstmals am 23. Dezember 2012 in Homs und anschließend in begrenztem Umfang in anderen Gebieten Chemiewaffen eingesetzt hat, meist bei militärischen Operationen gegen uneinnehmbare Stellungen der Aufständischen.

kus mit Raketen an. Bis zu 1400 Menschen starben an Erstickung, die nur ein giftiges Gas wie Sarin verursachen kann.

Nach Verhandlungen der Vereinten Nationen wurde beschlossen, eine Kommission an den Ort des Geschehens zu schicken, um den Einsatz von chemischen Waffen zu untersuchen. Die Vereinbarung wurde jedoch nur unter der russischen und chinesischen Bedingung getroffen, die Mission der Ermittler*innen auf die Feststellung dieser Verwendung zu beschränken, ohne die Identität des Verursachers zu bestimmen, falls tatsächlich Spuren von Chemiewaffen an den bombardierten Orten gefunden würden. Nach drei Wochen veröffentlichte die Untersuchungskommission ihren Bericht[144], in dem sie den massiven Einsatz von Sarin-Gas bestätigte und die Art und Weise des Angriffs beschrieb sowie die Art der dafür verwendeten Raketen und die Neigung der Raketen zum Zeitpunkt der Explosion, was ein Indikator für den Ort ist, von dem sie abgefeuert wurden. Dieser Standort befand sich in der Nähe der Stützpunkte der Republikanischen Garde, der Vierten Division und der Brigade 155 der Armee nördlich der Hauptstadt.[145] Human Rights Watch und Ärzte ohne Grenzen haben ihrerseits Berichte veröffentlicht, die den Einsatz von Sarin-Gas bestätigen, ebenso wie andere französische, deutsche und amerikanische Organisationen, die auf die volle Verantwortung des Regimes für das Massaker hinweisen.

Zwischen dem 22. August und dem 8. September 2013 führten die Großmächte Konsultationen darüber, wie sie auf Assads »ernsthaftes Überschreiten der roten Linie« reagieren sollten, und über die Möglichkeit eines »strafenden« Militärschlags gegen ihn. Da der Sicherheitsrat blockiert war und weil die russi-

---

144 Der Bericht wurde am 16. September veröffentlicht. Der vollständige Text findet sich unter folgendem Link: http://fr.scribd.com/doc /168606795/ UN-Report-on-Chemical-Attack-in-Syria.

145 Diese Kräfte sind die am besten ausgerüsteten und ausgebildeten in der syrischen Armee und die loyalsten gegenüber dem Regime, da sie von Personen kommandiert werden, die zur Familie des Präsidenten gehören. Eine militärische Analyse des Angriffs und der verwendeten Waffen findet sich unter https://www.bellingcat.com/tag/syria/, der besten und am besten informierten Seite zu diesem Thema.

sche (und chinesische) Position einer von den Vereinten Nationen unterstützten Intervention weiterhin ablehnend gegenüberstand, konzentrierte sich der Austausch zwischen Washington, Paris und London auf die Idee einer Intervention, die die Unterstützung einiger arabischer und europäischer Länder gewinnen und militärische Ziele (Flughäfen, Raketenabschussbasen und Hauptquartiere) anpeilen sollte.

Tatsächlich waren weder die US-Regierung noch die britische Regierung trotz ihrer Erklärungen und ihrer Fassade der Entschlossenheit begeistert von der Idee eines Militärschlags. Beide Mächte wollten einen Ausweg finden, um nach so viel Theater nicht das Gesicht zu verlieren. Mehrere Berichte über den Inhalt der Treffen im Weißen Haus und im Außenministerium zeigten den mangelnden Enthusiasmus von Präsident Obama, der sein Image bei den Wähler*innen nicht gefährden und vor allem nicht mit George W. Bush und dessen Irak-Krieg in eine Reihe gestellt werden wollte.[146] Die britische Regierung legte ihrerseits, um aus der Sache herauszukommen, dem Parlament ein Projekt für eine Intervention in Syrien vor, das am 29. August mit 285 zu 272 Stimmen abgelehnt wurde. Obama hatte also einen Grund mehr, seine Entscheidung zurückzunehmen. Er bat dann um eine Abstimmung des Kongresses, obwohl die Verfassung dies nicht verlangte, da es nicht um die Entsendung von Truppen am Boden oder die Durchführung einer Operation von mehr als 60 Tagen ging. Nach den ersten Schätzungen war die Mehrheit im Kongress gegen eine Intervention, was wiederum die französischen Behörden, die die Idee eines »Strafschlages« am meisten befürworteten, erheblich in Verlegenheit brachte.

Als Moskau am 9. September Washington Damaskus' Bereitschaft mitteilte, seine Chemiewaffen endgültig zu entsorgen (was an sich schon ein Eingeständnis war, dass sie tatsächlich eingesetzt worden waren!), wurde die amerikanische Regierung in ihrer Position bestärkt, da sie glaubte, die Drohung, ihre

146 Siehe z. B. den Artikel im *Wall Street Journal* vom 15. September 2013 »Inside White House, a head-spinning reversal on chemical weapons«: http://online.wsj.com/news/articles/SB10001424127887323527004579077401049154032.

Macht einzusetzen, um dieses Zugeständnis zu erhalten, sei ausreichend gewesen. Daraufhin einigten sich Russland und die USA (letztere hatten ihre französischen »Verbündeten« nicht über ihre Kontakte informiert) darauf, dass das Regime sein chemisches Arsenal aushändigt, die diesbezüglichen internationalen Konventionen unterschreibt und im Gegenzug westlichen Angriffen entgeht.

Auf diese Weise hatte sich die internationale Situation wieder zu dem entwickelt, was sie vor dem 21. August geprägt hatte: eine sehr entschlossene russische und iranische Unterstützung für das Assad-Regime und die erschreckende Inkohärenz der »Freunde Syriens«, auf französischer Seite mit dem Gefühl, von den USA betrogen worden zu sein, und die Frustration des syrischen Volkes, für das die Weigerung der internationalen Gemeinschaft, ihre Verantwortung gegenüber ihrem Land wahrzunehmen, ohne Beispiel ist.

Parallel zu diesen diplomatischen Entwicklungen gab es öffentliche Kampagnen in Washington, London und Paris sowie in Berlin, Brüssel, Rom und anderen westlichen Hauptstädten, angeführt von Parteien und Kräften der Linken und Rechten, mit pazifistischen Parolen und manchmal sogar mit Slogans für das syrische Regime. Diese Kampagnen verlangten, dass Washington und Paris ihre Entscheidungen rückgängig machen, indem sie die Situation in Syrien mit der im Irak im Jahr 2003 verglichen und entweder absichtlich oder aus Unwissenheit oder Naivität die erwiesene Tatsache verschwiegen, dass in Syrien chemische Waffen eingesetzt wurden – und dass es sich dabei nicht um eine Vermutung oder eine Fälschung von Beweisen handelt. Es wurde auch so getan, als hätte man vergessen, dass die amtierende US-Administration nicht intervenieren wollte und dass es um Luftangriffe ging, nicht um eine Invasion oder eine Bodenintervention. Alle Argumente, die für die »Nichteinmischung« vorgebracht wurden, wie die Weigerung, die Rolle des »Weltpolizisten« zu spielen, oder »Öl ins Feuer zu gießen«, oder »Gegner zu bewaffnen, die wir nicht kennen«[147], oder ohne

147 Dieses Argument, die Opposition nicht zu bewaffnen oder »keine Waffen zu schicken, damit sie nicht in die falschen Hände fallen«, schwächte die

UN-Mandat zu handeln, berücksichtigten nicht, dass im konkreten Fall Syriens nur ein Schlag gegen die Militärmaschinerie, die Zehntausende von Menschen niedermetzelte, die Zerstörung und den Verlust von Menschenleben begrenzen und die Dauer des Krieges verkürzen konnte. Sich für die »Nichteinmischung« zu entscheiden, das russische und chinesische Veto, das den Sicherheitsrat lähmt, auf unbestimmte Zeit zu akzeptieren, bedeutete, die Fortsetzung der Massaker und Hinrichtungen zu akzeptieren und die Immunität des Mörders zu garantieren.

Die Ablehnung einer militärischen Intervention in Syrien durch eine Mehrheit der öffentlichen Meinung hat auch geholfen, zwei wichtige Trends in der politischen Kultur vieler westlicher Länder aufzuzeigen.

Der erste ist die isolationistische Versuchung eines großen Teils der Bevölkerung, deren Interesse an allem, was jenseits der Grenzen geschieht, deutlich abgenommen hat. Die Welt beunruhigt und ängstigt sie sowohl aus wirtschaftlichen als auch aus kulturellen Gründen, und dieser Rückzug ins »Innere« kommt im Aufgeben universeller Prinzipien in einer Zeit zum Ausdruck, in der kein Land gegen die Folgen von Krisen in anderen Ländern gefeit ist.

Der zweite Trend in dieser neuen Kultur ist der Verlust des Vertrauens in die Führungskräfte durch große Teile der Bevölkerung. Die Beziehung zu den Politiker*innen ist mit Zweifeln an ihren wahren Absichten verbunden. Viele Amerikaner*innen und Europäer*innen haben ihren Regierungen nicht geglaubt, als diese ihnen sagten, dass sie das syrische Regime für seine Verbrechen gegen die Menschlichkeit »bestrafen« würden, und vermuteten andere, nicht genannte Gründe hinter dieser Entscheidung. Dies gibt Verschwörungstheorien weiteren Auftrieb,

---

Revolution militärisch und half dem Regime, sich zu behaupten. Zudem war es falsch, denn die beteiligten westlichen Akteure kannten ihre militärischen Gesprächspartner (der syrischen Opposition), und mehrere Studien klärten die Situation vor Ort, wie die von Bassma Kodmani (Politikwissenschaftler, Direktor der »Arabischen Reforminitiative« und ehemaliger Sprecher des syrischen Nationalrats) und Felix Legrand erstellte Studie »Empowering the democratic resistance in Syria« von 2013.

die bereits alles, was in der Welt geschieht, zu erklären scheinen.

Abgesehen und unabhängig davon, was die wahren amerikanischen Absichten waren, machten die entscheidenden Tage zwischen dem 21. August und dem 9. September 2013 deutlich, dass eine ausreichend starke internationale Bedrohung mit der Möglichkeit selbst einer begrenzten Militäroperation ausreichte, um das syrische Regime zu ängstigen und Moskau und Teheran zu veranlassen, schnell einen politischen Ausweg für das Regime zu finden, zusammen mit einem Angebot, das unter anderen Umständen undenkbar wäre.

Am Ende rettete Assad sein Regime, indem er die Waffen aufgab, die er als Abschreckung gegen Israel angepriesen hatte. Die Bewohner*innen von Ghouta haben den doppelten Preis für das Zögern der Mächtigen und die Gleichgültigkeit der internationalen Öffentlichkeit gegenüber dem Einsatz einer Massenvernichtungswaffe im Jahr 2013 gezahlt, ein Jahrhundert nach ihrem umfangreichen Einsatz im Ersten Weltkrieg und 85 Jahre nach der Unterzeichnung einer internationalen Konvention zu ihrem Verbot.[148]

Seit dem 9. September bis heute sind Hunderttausende Syrer*innen tot oder verwundet, ganz zu schweigen von den Millionen von Geflüchteten und Vertriebenen und den Zehntausenden von Gefangenen. Es ist daher schwierig, die Familien der Opfer davon zu überzeugen, dass nicht »die ganze Welt«, wie sie sagen, genauso wie Assad für ihre Tragödie verantwortlich ist.

---

148 Vor Assad hatte nur Saddam Hussein gegen diese Konvention verstoßen, indem er Mitte der achtziger Jahre des letzten Jahrhunderts Senfgas gegen iranische Soldaten und dann 1988 gegen kurdische Zivilist*innen in Halabdscha einsetzte.

5

Propaganda gegen die Revolution

Vom ersten Tag an war die syrische Revolution das Ziel von Verleumdungskampagnen aus unterschiedlichen Richtungen in der arabischen Welt und dem Westen. Ob nationalistisch, links oder rechts, diese Angriffe haben dazu beigetragen, das syrische Volk und seine Bestrebungen zu diskreditieren, genau wie es der Assad-Clan wollte.

Unter den Feinden des Aufstandes können wir diejenigen unterscheiden, die unter dem Deckmantel der Neutralität nicht gegen die Verbrechen Stellung beziehen. Andere, die sich zweifellos für besser informiert halten, theoretisieren heftig über eine große Verschwörung mit kolonialistischen Zielen gegen ein »widerständiges« Regime. Und dann gibt es diejenigen, die den Sinn der Revolution entstellen, die Syrer*innen entmenschlichen und sie in »natürlich gewalttätige« Kreaturen verwandeln wollen, bei denen jede Empathie fehl am Platz wäre. Rassismus und Phobien sind am Werk, um die Syrer*innen ihres Grundrechts auf ein Leben in Freiheit und Würde zu berauben.

»Neutralität«, Angst und Komplizenschaft mit Assad

Kaum hatte die Revolution begonnen, schon spekulierten einige Medien – ebenso wie zahlreiche politische Stellungnahmen, Parteikommuniqués und Presseartikel – über das Schicksal der Minderheiten in Syrien und das bevorstehende Chaos.

Diese Reden über die Angst der »Minderheiten«, insbesondere der Christ*innen, verfolgt und ausgegrenzt zu werden, waren fast schon Aufrufe zum Widerstand gegen die sunnitisch-muslimische Mehrheit, unter dem Vorwand, dass ein Sieg der Revolution diese »Minderheiten« gefährden würde.

Die Angst vor dem Chaos tauchte in der Presse auf, als die Zahl der Demonstrationen zunahm. Warnungen über die Bedrohung, die diese für den zivilen Frieden und die Stabilität in Syrien darstellen würden, vervielfachten sich. Um diese Angst zu besänftigen, mussten dieser Propaganda zufolge die Demonstrant*innen, die Freiheit und Achtung der Menschenrechte forderten, dazu gebracht werden, sich mit der Tyrannei eines Unrechtsregimes abzufinden.

So wurde das Argument der Angst der »Minderheiten« vor einem hypothetischen muslimischen Totalitarismus zu einem Vorwand für die Unterstützung einer Tyrannei, die mehr als vierzig Jahre alt ist, und die Sorge um den zivilen Frieden war nichts anderes als die Angst, dieses blutrünstige Regime untergehen zu sehen.

In beiden Fällen offenbarten diejenigen, die auf dieses perverse Argument hereinfielen, einen sowohl moralischen als auch politischen Verfall. Nicht auf die Massaker zu reagieren oder sie den Toten und Gefolterten anzulasten, ist letztlich nur ein Weg, die Verbrechen zu vertuschen und sich mit den Tätern gemein zu machen.[149]

Im Laufe der Zeit kamen vier »Theorien« zum Diskurs der Angst hinzu, vor allem seit der Militarisierung des Aufstandes.

1. »Es ist für eine*n Demokrat*in nicht möglich, für eine von Islamisten geführte Revolution zu sein, auch wenn sie sich gegen ein diktatorisches Regime richtet.« Mit diesem Argument werden nicht nur Millionen von Syrer*innen auf dämonisierte Islamisten reduziert. Es macht auch die Gesichter normaler Menschen, Männer und Frauen, Erwachsene und Kinder, zu bedrohlichen »bärtigen Männern«. Ihnen wird ihr Recht verweigert, als menschliche Wesen zu existieren. Ihr Image als fanatische Fundamentalisten setzt sie mit denen gleich, von denen sie massakriert werden, und rechtfertigt sogar deren Massaker.

---

149 Die Propaganda des Regimes nutzt diese beiden »Ängste«, um Baschar als Beschützer der Christ*innen darzustellen. Diese Vorstellung wurde als selbstverständlich angesehen. Tatsache ist, dass sich die Zahl der Christ*innen in Syrien im letzten halben Jahrhundert halbiert hat, was dem Zeitraum entspricht, in dem die Baath-Partei an der Macht war.

2. »Die Revolutionär*innen wissen sehr wohl, dass das Regime nicht zögern wird, Syrien zu zerstören, um sich selbst zu erhalten. Warum trotzen sie ihm so hartnäckig?« Nach dieser Argumentation sind es die Syrer*innen, die doch bloß ihre elementarsten Rechte einfordern, die für die Zerstörung ihres Landes verantwortlich sind, und nicht diejenigen, die es tatsächlich zerstört haben. Wenn Kindern in ärmlichen Dörfern die Kehle aufgeschlitzt wird, ist das die Schuld ihrer Eltern, die das Risiko, das sie mit ihrer Rebellion eingingen, nicht richtig eingeschätzt haben. Was die Täter betrifft, so ist es nicht verwunderlich, dass sie so handeln, wie sie es tun, also kann man ihnen keine Schuld geben...

3. »Die Spaltung der Opposition, das Fehlen einer Alternative, die Angst vor Einmischung und Intervention, das afghanische, irakische und libysche Szenario, machen es schwierig und kaum wünschenswert, Assad zu stürzen, es droht dann ein allgemeines Chaos.« Obwohl dieses Argument einen gewissen Wahrheitsgehalt bzw. eine gewisse Berechtigung hat, sowohl im Hinblick auf die Spaltung der Opposition als auch auf die Instabilität von Ländern, deren tyrannische Regime gestürzt wurden, bleibt die Tatsache bestehen, dass es für jede*n objektive*n Beobachter*in der aktuellen Situation in Syrien haarsträubend ist, den Abgang Assads und seines Clans als Katastrophe und Quelle des Chaos zu betrachten. Als ob die Vertreibung eines Drittels der Bevölkerung des Landes, die Zerstörung von Dutzenden von Städten und Dörfern und das gestohlene Leben von Hunderttausenden von Syrer*innen nicht schon ein weit fortgeschrittenes Chaos wäre!

4. »Es gibt nur die Wahl zwischen Assad oder den Dschihadisten, die uns in unseren Städten in Europa töten.« Die Formel »Assad oder die Dschihadisten«, die im Westen von Politiker*innen, Journalist*innen und einigen Forscher*innen kolportiert wird, hat seit 2014 gut funktioniert. Sie hat Verschwörungsnarrative der Rechten wie auch in einigen linken Kreisen gefördert und von der Angst vor Geflüchteten, von identitätsbasierten Spannungen, von Terroranschlägen in Frankreich, Deutschland, Belgien und Österreich sowie dem Anstieg der

Islamophobie in zahlreichen westlichen Gesellschaften profitiert. Wenn Dschihadisten in Europa Hunderte von Menschen getötet haben, haben Assad und seine Verbündeten in Syrien Hunderttausende getötet. Und der Aufstieg der Dschihadisten war zum großen Teil eine Folge der Zerstörung des Landes und der Preisgabe der Syrer∗innen. In diesem Sinne waren (und sind) Assad und die Dschihadisten objektive Verbündete. Er braucht sie, um von seinem »Krieg gegen den Terror« sprechen zu können, und sie brauchen ihn und die »Verlassenheit durch die Welt«, um zu rekrutieren und ihren Diskurs der Viktimisierung und Rache voranzutreiben. Ergänzen wir noch, dass die Mehrheit der »Dschihadisten« in Europa vor allem Europäer waren. Ihr Bezugssystem und ihr »Programm« wurden genährt und geprägt durch ihre Erfahrungen in den Vorstädten und Wohnsiedlungen, durch Ausgrenzung und Versagen und durch Phantasien von einem Dschihad, der ihre kriminellen Handlungen und spektakulären Selbstmorde sublimierte und sie in den Rahmen des »heiligen Krieges« stellte und zu »Märtyrern« machte.

So haben die Anhänger∗innen der Neutralität oder der Normalisierung der Beziehungen mit dem Assad-Regime jahrelang ihre Verachtung für die Mehrheit der Syrer∗innen zum Ausdruck gebracht, indem sie diese auf Islamisten oder gar Dschihadisten reduzierten, die naturgemäß zu verabscheuen sind. Schlimmer noch, sie verhöhnten sie und verharmlosten deren Unglück im Vergleich zu dem Risiko, »Syrien dem Chaos und einer ausländischen Intervention auszusetzen«, so als ob all dies nicht bereits stattfände.

Die neurotische Linke

Aber viel zynischer als die »Neutralen« oder die Kompliz∗innen des Regimes sind gewisse Schriftsteller∗innen und Aktivist∗innen der Linken, arabische und westliche, die es stets verstanden haben, mit »Verschwörungstheorien« abzulenken, wann immer die Frage nach dem Recht der Syrer∗innen auf Freiheit und Würde gestellt wurde.

Diese Kategorie von Intellektuellen entfaltet ihre Propaganda um drei Hauptthemen.

Das erste ist eher ein Vorwand, denn es geht darum, systematisch andere regionale Tragödien in die Debatte über Syrien einzubeziehen. Jedes Mal, wenn die wachsende Zahl der syrischen Opfer erwähnt wird, bringen sie die Zahl der Afghan*innen und Iraker*innen ins Spiel, die während der amerikanischen Invasionen getötet wurden, oder die Palästinenser*innen, die während der israelischen Angriffe auf den Gazastreifen starben.[150] Diese Pirouette entbindet sie davon, eine klare Position zur Situation in Syrien zu beziehen, und ertränkt diese in einem diffusen Magma, das von den »böswilligen« Kräften des Imperialismus erzeugt wird. Um das Bild zu vervollständigen, werden Syrer*innen aufgefordert, Führungszeugnisse vorzulegen, indem sie sich zu globalen Themen äußern, um einen Anspruch auf Solidarität zu haben.

Das zweite Problem ist im »Verschwörungsdenken« selbst verwurzelt. Es neigt dazu, das syrische Innere durch seine un-

150 So veröffentlichte beispielsweise der Sender *Al-Mayadeen*, der bestimmten Kreisen der arabischen Linken, der Nationalist*innen und der Hisbollah nahesteht, am Nachmittag des 18. November 2012 auf seiner offiziellen Facebook-Seite ein schreckliches Foto von drei blutüberströmten Kindern und ihrer Mutter und schrieb es einem Massaker zu, das die Israelis zuvor in Gaza verübt hatten. Einige Stunden später stellte sich heraus, dass es sich nicht um den Gazastreifen, sondern um Syrien handelte und dass das Video, aus dem das Foto stammt, bereits mehr als einen Monat vor seiner Veröffentlichung durch *Al-Mayadeen* auf YouTube eingestellt worden war. Der Film wurde in Hrak, in der Region Daraa, aufgenommen. Das Foto wurde am nächsten Morgen ohne jegliche Erklärung von der Website entfernt.
Dieser Fehler könnte auf ein »technisches« Problem zurückzuführen sein. Es ist immer möglich, einen Fehler zu machen, wenn man mit so vielen schrecklichen Bildern aus der Region konfrontiert wird. Es gab solche Bilder aus Syrien selbst, dem Irak und vielen anderen Ländern. Man hätte gutgläubig annehmen können, dass diese Bilder aus Gaza stammen, das seit Jahren von den Israelis umzingelt ist. Aber in diesem Fall wiegt der Fehler viel schwerer. Denn der betreffende Sender steht den wahren Mördern der Opfer politisch nahe, deren Leichen er ausstellt, um sein Publikum zu erschüttern. Daher werden sie durch die einfache Entfernung ihres Fotos eliminiert, ohne dass der Sender auch nur mit einem Wort seine Trauer um die im Süden Syriens getöteten Kinder und ihre Mutter zum Ausdruck bringt.

mittelbare Umgebung zu ersetzen. Es sieht nicht die Syrer*innen, die für ihre Befreiung kämpfen, sondern externe Projekte und Fallen à la Sykes-Picot.[151] Die extreme Gefährlichkeit dieser möglichen Machenschaften zwingt die Verfechter*innen dieses Denkens, sich hinter das Assad-Regime zu stellen, »um dem Feind zu trotzen, wobei Damaskus eine historische Rolle spielt«.

Um das Bild der Obsessionen zu vollenden, bleibt noch diejenige, die von den Stimmen des vorgeblichen Säkularismus des Regimes verbreitet wird, die sich lieber auf die Seite der nichtreligiösen Tyrannei stellen, als die »Machtergreifung durch Islamisten zu riskieren, falls das Regime fallen sollte«.

Mit dieser abgedroschenen Logik haben linke Parteien und Persönlichkeiten das syrische Regime direkt oder indirekt unterstützt, sehr zum Entsetzen vieler am Aufstand beteiligter Schriftsteller*innen und Aktivist*innen. Letztere hatten wohl vergessen, dass die nebulöse arabische Linke, und insbesondere die Kommunist*innen, Freiheit und Demokratie nie in den Mittelpunkt ihrer intellektuellen oder politischen Prioritäten gestellt hatten. Das sowjetische Lager war ihr Bezugspunkt, und die meisten arabischen autoritären Regime, angeführt vom syrischen, ließen sich in ihren Strukturen, ihrem Sicherheitsapparat und ihrer politischen Rhetorik von den Praktiken dieses Lagers inspirieren, von Stalin über Ceauşescu bis Kim Il-sung. Ein großer Teil der arabischen Linken hat letztere oft mit der Begründung verteidigt, dass sie nach Unabhängigkeit strebten und dass ihre Bevölkerungen Zugang zu Nahrung und medizi-

151 Das Sykes-Picot-Abkommen vom Mai 1916 war eine geheime Übereinkunft zwischen den Regierungen Großbritanniens und Frankreichs, in dem die Einflusszonen der beiden Länder im Nahen Osten festgelegt wurden. Später wurden auch Italien und Russland in das Abkommen eingebunden. Nach der Niederlage des Osmanischen Reiches im Ersten Weltkrieg diente das Abkommen als Grundlage für eine koloniale Neuordnung der Region. Mit dem Sykes-Picot-Abkommen wurden Staatsgrenzen »mit dem Lineal«, das heißt ohne Berücksichtigung von bestehenden ethnischen oder religiösen Zugehörigkeiten gezogen; das Gebiet des heutigen Syrien stand dabei ab 1920 unter französischer Verwaltung. Das Abkommen, benannt nach den beiden Unterhändlern – Mark Sykes für Großbritannien und François Georges-Picot für Frankreich – gilt als Ursache vieler heute noch bestehender Konflikte im Nahen Osten [A.d.Ü.].

nischer Versorgung hatten. Die gleichen Argumente werden heute von derselben Linken aufgegriffen. Hinzu kommt die palästinensische Sache, auf die sie immer dann zurückgreift, wenn sie sich in einer politischen Sackgasse befindet oder versucht, eine Politik zu rechtfertigen, die nichts mit Palästina oder den Rechten der Palästinenser*innen zu tun hat.[152]

Ein weiterer Grund für die Unterstützung einiger Verfechter*innen der libanesischen und syrischen Linken für das Assad-Regime ist kommunitärer Natur. Es ist der Hass auf den sunnitischen Islam, der eindeutig in der Mehrheit ist und der als solcher eine Bedrohung für ihren vermeintlichen Säkularismus darstellen könnte. Es ist kein Zufall, dass die überwiegende Mehrheit der linken Gruppen, die Assad in beiden Ländern verteidigen, bestimmten Gemeinschaften angehören (schiitische Minderheiten und Christ*innen) und zum Beispiel Anhänger*innen der Islamischen Republik Iran sowie der Hisbollah sind. Seltsamerweise sehen sie nur in sunnitisch-islamistischen (und manchmal nicht-islamistischen) Gruppen eine obskurantistische Gefahr.[153]

---

152 Das syrische Regime hat drei Völker des arabischen Maschrek zur Zielscheibe gemacht: zuerst das syrische Volk, dann das palästinensische Volk und schließlich das libanesische Volk. Und im Namen der palästinensischen Sache sind diese drei Völker ermordet worden. In ihrem Namen wurde der Ausnahmezustand in Syrien ausgerufen, und unter dem Vorwand, sie zu verteidigen, wurden der Krieg in den Lagern im Libanon und die Verfolgungen in den Lagern in Syrien organisiert. Es reicht aus, darauf hinzuweisen, dass eines der schrecklichsten Haft- und Folterzentren in Damaskus »Palästina-Abteilung« heißt. Politische Gegner*innen, sowohl syrische als auch palästinensische, wurden unter dem Vorwurf des Verrats an der »heiligen« Sache dorthin gebracht. Darüber hinaus setzte das Regime die Sprache und die Akzeptanz des »Widerstands« durch, um seine Gegner*innen zu vernichten, indem es sie einfach als »Feind*innen Palästinas« und von dessen Fahne bezeichnete, deren Farben die Baath-Regierung übernahm. Auf diese Weise hat das Regime Netzwerke aufgebaut, um die Menschen zu domestizieren, ihre Freiheiten zu vernichten und die Despotie unter dem Etikett »Palästina« zu besiegeln!

153 Die Position der sunnitischen Gruppen gegenüber der »Hamas« zeigt deutlich ihre konfessionelle Priorität und ihren Gehorsam gegenüber dem Kurs von Assad. Denn diese islamistische Bewegung, durch die sie vorgaben, Palästina zu unterstützen, hat sich, sobald ihre Führung Damaskus verlassen und ihre Haltung gegenüber dem Assad-Regime (und nicht gegenüber Palästina!) geändert hat, in einen Feind verwandelt, der als Unterstützer der Muslimbruderschaft gebrandmarkt wird.

Bei der Unterstützung des Assad-Regimes machen es gewisse Tendenzen der »westlichen« Linken nicht viel besser als ihre arabischen »Genoss*innen«. Sie sind genauso besessen von antiimperialistischen Obsessionen, diesmal gefärbt mit einem latenten oder manifesten orientalistischen Kulturalismus.

Der »primäre Antiimperialismus« diktiert dieser Linken bedingungslose Unterstützung für jedes Regime der »Dritten Welt«, das behauptet, sich den USA entgegenzustellen. Dies ist etwas, das man künftig »Verschwörungspawlowismus« nennen sollte. Verschwörungstheorien haben eine stärkere Verführungskraft als »klassische« Analysen einer Revolution, die Unterdrückung und Tyrannei ablehnt. Denn diejenigen, die diese Theorien vertreten (vor allem, wenn es um den Nahen Osten, seine natürlichen Ressourcen und seine historischen Konflikte geht), versuchen, sich zu profilieren, sich von der Masse abzuheben. Sie haben ein gewisses Vergnügen daran, sich als Kenner*innen der Schattenseiten aufzuspielen und die Fallstricke und Heuchelei der internationalen Beziehungen aufzudecken.

Auch wenn linksextreme Gruppen immer am empfänglichsten für diese Thesen waren, sind sie nicht mehr die einzigen. Aber alle, die diese Argumente vorbringen, weigern sich, die Existenz und Legitimität der Sache des syrischen Volkes anzuerkennen. Sie begnügen sich damit, mechanisch das Offensichtliche über die wirtschaftlichen Interessen und geostrategischen Einsätze zu wiederholen, die das ABC der internationalen Politik ausmachen. Diese selbstgerechten Expert*innen behaupten, eine exklusive Kenntnis der Wahrheit über die Politik »des Westens« gegenüber der Region zu haben. Das verleiht ihnen eine intellektuelle Überlegenheit, die ihnen Einsichten und eine fundierte Sachkenntnis verschafft, die Syrer*innen angeblich nicht haben. Daher wären in diesem »komplexen« Kontext, der der Nahe Osten ist, Revolutionen und Volksaufstände nur feindliche Machinationen und die Millionen von Menschen (Syrer*innen) Marionetten, die ohne ihr Wissen in ihr Verderben geführt werden.

Die »Kulturalist*innen« lassen sich von der Gewalt in der arabischen und muslimischen Welt nicht beeindrucken. Für sie ist es ein üblicher Mechanismus zur Lösung von Konflikten zwischen diesen Völkern. Die Ausübung von Gewalt ist daher an sich kein Grund für übermäßige Empörung. Noch weniger wird die Gewalt verurteilt, wenn die Opfer zufällig »Islamisten« sind. Hier gesellt sich eine gewisse Linke zur extremen Rechten auf dem Gebiet der Islamophobie.

Die Wirkung von Bildern und die Gleichgültigkeit

Einige westliche Medien gaben sich große Mühe, professionell über die »syrische Revolution« zu berichten. Andere hingegen suchten nur Sensationslust und schockierende Bilder. Die Szenen der Massenmobilisierungen verloren nach vielen Monaten ihre Anziehungskraft, ebenso wie die Bilder der täglichen Bombardierungen. Diese Medien haben daher seit 2013 einige Gewaltausbrüche von revolutionären Kämpfern oder von Dschihadisten, die nach Syrien gekommen sind, ausgeschlachtet, um sie zu einer gefährlichen politischen Tatsache zu erklären. Zwei notorische Fälle sind hier erwähnenswert: »Kannibalismus« und »Sex-Dschihad«.

Es ist wichtig, sich daran zu erinnern, dass diese Fakten zu einem Zeitpunkt veröffentlicht wurden, als die Rede davon war, die syrische Opposition mit modernen Waffen zu versorgen, und wenige Tage nach dem Chemiewaffenmassaker, das vom Regime in Ghouta verübt wurde. Bilder von unbestreitbarer Barbarei machten die Runde um die Welt und sorgten für Schlagzeilen. Im Mai 2013 wurde ein Mann, der angeblich ein Revolutionär war, dabei gesehen, wie er vorgab, das Herz eines toten Soldaten zu verschlingen. Diese sogenannte »Herzfresser«-Szene war tatsächlich das Werk eines syrischen Kämpfers namens Abu Saqqar. Sie fand in der Region Homs statt und ihre Verbreitung sorgte für einen Aufruhr, der die Diskussion über Syrien nahezu zum Erliegen brachte. Die Medien, die sie verbreiteten, machten jenen Politiker*innen ein Geschenk, die nach Vorwänden suchten, um nicht in die syrische Frage eingreifen zu müssen. Sie offenbarten auch eine voyeuristische Haltung, die dazu beitrug, die öffentliche Phantasie mit Angst,

Schrecken und Ekel zu nähren. Und das Schlimmste war die Tendenz, zu verallgemeinern und diesen isolierten Fall eines psychisch gestörten Mannes mit einer rituellen Praxis gleichzusetzen, die für die syrische Revolution im Allgemeinen spezifisch sei. Wie sonst kann man das allmähliche Verschwinden der Informationen über den täglichen Tod von Dutzenden von Menschen von einem Großteil der Bildschirme und aus der Presse zugunsten von Bildern eines exhibitionistischen Kämpfers, der ein Stück Fleisch verschlingt, das dem feindlichen Körper entnommen wurde, interpretieren? Wie kommt es, dass die barbarischsten Folterungen, die das Regime an Tausenden von Gefangenen praktiziert, weniger Emotionen wecken als eine vulgäre Szene von pathologischem »Kannibalismus«? Was sollen wir von der Tatsache halten, dass dies genau in dem Moment geschah, als Gespräche über die Möglichkeit der Bewaffnung syrischer Revolutionär*innen stattfanden?

In jedem Fall kann eine solche unethische Medienberichterstattung nur schädliche politische Auswirkungen haben. Denn heute empören sich die Menschen mehr über den Anblick eines Wahnsinnigen, der mit dem Blut seines Opfers beschmiert ist, als über das Schicksal von Hunderten von Opfern unter den Trümmern der Bombardierungen. Am Ende ist die Schlussfolgerung in beiden Fällen die gleiche. Die Art und Weise, wie die Syrer*innen betrachtet werden, beraubt sie ihrer Menschlichkeit. Sie können nur Angst oder Gleichgültigkeit wecken in der absurden Logik derer, die vom Tod eines einzelnen Mannes, dessen Eingeweide grausam verschlungen werden, mehr bewegt sind als vom abstrakten Tod Zehntausender Menschen, die man mit »modernen« Mitteln tötet.

Der zweite Fall, der angesichts der libidinösen Aufladung, die er hervorgerufen hat, eine Betrachtung verdient, ist der des berüchtigten »Sex-Dschihad«. In der nahöstlichen und westlichen Presse wurde im September und Oktober 2013 darüber berichtet, teilweise wurde er als »legale Prostitution« beschrieben, teilweise als sexuelle Freiwilligenarbeit bestimmter Frauen, die sich den Reihen der syrischen Revolution anschließen, oder als Angebot bezahlter »dschihadistischer« Dienste. Diese Affäre erregte sofort die Aufmerksamkeit einiger Journalist*innen, die eine »exotische« Geschichte witterten. Diese Tatsache vervollständigt in gewisser Weise mit der Phantasie der »verschleierten Dschihadistinnen« die des primitiven Herzfressers in einem »orientalistischen« Bild, das das Klischee eines barbarischen Orients nährt.

Der skandalöseste Teil dieser Geschichte ist, dass die Medien sich mit geschlossenen Augen auf sie stürzten, ohne auch nur die elementarste Maßnahme zu ergreifen, um die Informationen zu überprüfen. Es wurde schnell klar, dass die Geschichte auf unbestätigten Gerüchten beruhte. Sie war eine Erfindung der Geheimdienste des syrischen Regimes und einiger seiner Verbündeten in Tunesien und Algerien, wo die ersten Zeugenaussagen verbreitet wurden.[154] Selbst wenn man annimmt, dass dieses Phänomen real war, enthält es an sich nichts Interessantes über die Revolution. Es wäre nur unter dem Gesichtspunkt der Anthropologie oder der Verhaltensforschung verwertbar, eine Aufgabe, die umfangreiche Befragungen der betroffenen Menschen erfordert.

Damit endet die Komposition eines Bildes der syrischen Situation, in der die beiden vorhandenen Protagonisten in Kriminalität und Wahnsinn miteinander wetteifern. Angesichts einer solchen Gleichsetzung werden die Optionen für ein internationales Eingreifen immer geringer und die zunehmend verunsicherte »öffentliche Meinung« entscheidet sich für Neutralität und Isolationismus, wovon letztlich Assad und seine Verbündeten profitieren.

---

154 Weitere Informationen zu diesem Thema finden sich in Ignace Leverriers Artikel vom 29. September in seinem Blog der Tageszeitung *Le Monde* »Un œil sur la Syrie« unter dem Titel »Vous serez déçu : le jihad du sexe n'existe pas«; in David Kenners Artikel in *Foreign Policy* (26. September, auf Englisch), »Sorry the Tunisian sex jihad is a fraud« und in Christoph Reuters Artikel in *Der Spiegel* (7. Oktober 2013, auf Englisch und Deutsch) »Sex Jihad and other lies« [auf Deutsch veröffentlicht unter dem Titel »Herrscher über die Bilder«].

»Komplexität und Bürgerkrieg«

Im Jahr 2012, als die Syrer*innen die internationale Solidarität am meisten brauchten, wurden in Europa und den Vereinigten Staaten zwei Thesen verbreitet, um die Gleichgültigkeit der Welt zu rechtfertigen.

Die erste spiegelte offensichtlich die Angst vieler politischer Parteien, Bürgerbewegungen und Einzelpersonen wider, sich zum »Konflikt« im Nahen Osten zu äußern, um ein Engagement auf diesem Gebiet unter dem Vorwand zu vermeiden, die Situation in dieser Region sei »kompliziert« und unverständlich.[155] Dieses Bild der »Komplexität« hat viele abgeschreckt, während für diejenigen, die die Situation wirklich verstehen wollen, eine Fülle von Literatur und konkreten Fakten zur Verfügung steht.

Die zweite These – und Politiker und einige Medien versuchen, weite Teile der öffentlichen Meinung davon zu überzeugen – besteht darin, dass das, was in Syrien geschieht, ein »Bürgerkrieg« sei, bei dem es nicht möglich sei, einer einzigen Partei die Verantwortung zu geben.[156] Daher gebe es keinen Grund, Partei zu ergreifen oder Maßnahmen in dieser Hinsicht zu erwägen.

---

155 Das syrische Filmkollektiv »Abu Naddara« veröffentlichte am 25. September 2013 in der Tageszeitung *Le Monde* einen Artikel mit dem Titel: »Rejetons le mythe de L'Orient compliqué«. Darin demontiert es diese Idee und die Argumente, die dafür sprechen, in der syrischen Tragödie keine Stellung zu beziehen.

156 Die Begriffe sind äußerst wichtig. Der Wechsel von der Nominalgruppe »syrische Revolution« zu »Bürgerkrieg« oder »syrische Krise« in den Medien und auf Konferenzen hat dazu beigetragen, »Parteien« zu definieren, die alle für die aktuelle Situation verantwortlich sind. In diesem Sinne wird das Regime nun als eine Partei wie jede andere betrachtet. Auch wenn Revolutionen in der Regel einige Elemente oder Merkmale von Bürgerkriegen aufweisen (zum Beispiel Zusammenstöße innerhalb desselben Landes, Zerstörung des sozialen Gefüges und Beteiligung der Bevölkerungsbasis der Regime an deren Verteidigung), ändert dies nichts an der Tatsache, dass es sich bei den Ereignissen in Syrien um eine echte Revolution handelt. Diejenigen, die sich dort erheben, gehören zu einer Volksmehrheit, die sich erst friedlich und dann durch bewaffneten Kampf einem Regime entgegengestellt hat, das über schwere Waffen und Institutionen verfügt, die sich der Gewalt, der systematischen Unterdrückung und der Industrialisierung des Todes verschrieben haben.

Die Schwäche der Reaktionen nach dem Chemiewaffenmassaker zeugt von dem Überdruss der Welt angesichts einer sich hinziehenden Situation in Syrien. Sie zeugt auch von dem Wunsch, Informationen über die Schrecken in Syrien unglaubwürdig zu machen und Zweifel über die Identität der Verantwortlichen zu schüren (und gleichzeitig die Frage aufzuwerfen, wer von dem Verbrechen profitiert).[157]

Im Laufe der Zeit führte diese Kombination von feindlichen Argumenten gegen die ursprünglichen Fakten in Syrien zu einem unlösbaren Wirrwarr. Dennoch war es nicht kompliziert, politisch und moralisch zum Offensichtlichen Stellung zu beziehen: für die Mehrheit eines Volkes, das sich gegen ein seit 1970 herrschendes Regime erhoben hat, das nie gezögert hat, Massaker zu begehen oder Syrer*innen zu inhaftieren oder zu verbannen. Ein Regime, das das Land geplündert hat, um seine (familiäre) Autorität und seine (mafiösen) Privilegien zu erhalten. Was regionale und internationale Fragen und andere Erwägungen betrifft, so können sie sowohl auf der Linken als auch auf der Rechten nur dann auf vernünftige Weise analysiert werden, wenn wir uns über die Legitimität der »ursprünglichen Geschichte« einig sind, d. h. über das unveräußerliche Recht des syrischen Volkes, bis zu seiner Befreiung von der Tyrannei der Assads zu kämpfen.

---

157 Ab einem bestimmten Zeitpunkt wurde im Internet die Frage aufgeworfen, ob das Regime ein Interesse daran hat, sein chemisches Arsenal einzusetzen, oder welche Logik es dazu bringt, wahllos Zivilist*innen zu töten. Unabhängig von den militärischen Entwicklungen und dem psychologischen Kalkül, mit dem das Regime versucht hat, den Willen der Gegner*innen zu brechen, um seine Unbesiegbarkeit und Unantastbarkeit zu demonstrieren (selbst um den Preis eines Chemiewaffenangriffs), ist es beunruhigend, dass die Tatsache, dass dieses Regime Syrien zu diesem Zeitpunkt bereits seit zwei Jahren mit einer zerstörerischen und kriminellen Wut bombardierte, die über den Schrecken des chemischen Massakers hinausging, nicht berücksichtigt wurde. »Interessant« ist auch, dass diese Fragen nicht gestellt wurden, als das Regime unmittelbar nach dem Massaker das betroffene Gebiet umzingelte und aushungerte. Trotz Berichten über Tote in der Zivilbevölkerung lehnte es internationale Vermittlungsbemühungen, die es zur Aufgabe oder Lockerung der Einkesselung bewegen sollten, strikt ab.

Schlusswort: Die verwaiste Revolution, die Revolution geht weiter

Zum Zeitpunkt der Veröffentlichung dieses Essays werden drei Jahre seit Beginn der syrischen Revolution vergangen sein. Welche Schlussfolgerungen können wir nach der Prüfung der damit verbundenen Fragen über das Assad-Regime, die syrische Gesellschaft und die Haltung der Welt gegenüber diesem Regime ziehen?

Antiimperialismus, Modernität und Barbarei

Das syrische Regime hat versucht, sich durch seine Rhetorik und den Aufbau seines Images auf drei Säulen zu stützen: Durch seinen »antiimperialistischen« Diskurs scharte es arabische Nationalist*innen und linke Strömungen um sich; durch seine Feindseligkeit gegenüber Islamist*innen näherte es sich bestimmten westlichen Regierungen und säkularen (sowie islamfeindlichen) Strömungen an; indem es eine Fassade der Modernität zur Schau stellte, präsentierte es sich als weiter entwickelt als seine Bürger*innen, was die Anhänger*innen einer bestimmten Vorstellung vom »Westen« in Syrien selbst zufriedenstellte.

Es nutzte diese Säulen, um die barbarischste Gewalt gegen sein Volk auszuüben. Und was willkürlich und brutal erschien, war nur ein Aspekt dieses Phänomens. Wenn wir die Liste der Opfer während der friedlichen Phase der Revolution (März bis August 2011) oder nach dem Ausbruch des bewaffneten Kampfes parallel zum friedlichen Kampf (September 2011 bis Juni 2012) oder als der bewaffnete Kampf zum mehr oder weniger dominierenden Aspekt des Aufstands wurde (seit Juli 2012) genauer betrachten und analysieren, können wir feststellen, dass die Gewaltanwendung des Regimes häufig von sozialen, regionalen und konfessionalistischen Entscheidungen diktiert wurde. Dies gilt für die Unterdrückung von Demonstrant*innen und die Folterung von Gefangenen ebenso wie für Luftangriffe und den Einsatz schwerer Artillerie bis hin zu Massakern und Hinrichtungen.

Die Anwendung von Gewalt gegen die Ärmsten

Die exzessive Anwendung von Gewalt durch das Regime in bestimmten ländlichen Gebieten oder städtischen Vororten ist nicht nur auf die Tatsache zurückzuführen, dass diese Ziele Bollwerke der Revolution waren. Vom 18. März bis Mitte April 2011 folterte und unterdrückte das Regime die Einwohner*innen von Daraa und den Dörfern des Hauran einen Monat lang, um sie zu bestrafen, sollten sie an einen Aufstand auch nur gedacht haben. Auf diese Weise sollte an ihnen ein Exempel statuiert werden, damit keine Region es wagen würde, sie zu unterstützen, sollte sie doch sonst das gleiche Schicksal ereilen. Das Regime begann also eine Strategie der präventiven Gewalt, die darauf abzielte, der Ausbreitung der Demonstrationen zuvorzukommen, indem es systematisch und gezielt die ärmsten Bevölkerungsgruppen ins Visier nahm.

Mit Ausnahme der Stadt Homs, deren geokonfessionelle Besonderheit wir bereits erwähnt haben, stellen wir fest, dass das Rif (das halbländliche Gebiet) von Damaskus sowie die ländlichen Gebiete um Idlib, Hama, Homs, Aleppo, die Region von Deir ez-Zor, einige Viertel von Baniyas und Latakia, das Palästinenserlager von Raml (und die Grenzen des Hauran) von Anfang an Zielscheiben der rücksichtslosesten Gewalt waren.

Die Bewohner*innen dieser Regionen gehören zu einer Klasse von »Parias«. Es sind die Tagelöhner*innen und kleinen Beamten in den Städten, die Hausfrauen, die Bäuerinnen und Bauern und die kleinen Gemüseverkäufer*innen. Und da sie sehr an der traditionellen Lebensweise hängen, da sie traditionelle Kleidung tragen, war es »überraschend« zu sehen, wie sie für ihre

Freiheit und Würde aufbegehrten. Denn wie könnten solche Menschen für »moderne« und als westlich angesehene Werte in einer Kleidung demonstrieren, die mit der Idee der »Modernität« so wenig vereinbar ist? Schlimmer noch: Welches Recht hatten sie, Freiheit zu fordern, wo sie doch so konservativ und in der Regel so unterwürfig gegenüber den Machthabern waren?

Die extreme Gewalt, unter der diese Bevölkerungsgruppe zu leiden hat, rief nur wenig Sympathie hervor. Als Opfer schreiendster sozialer Ungerechtigkeit hatten sie für die neue herrschende Klasse nie gezählt. Die Tatsache, dass sie von der Miliz oder den Geheimdiensten dezimiert wurden, rief nur den Spott der »Loyalist*innen« hervor, zu denen auch diejenigen gehörten, die nicht unbedingt Anhänger*innen des Regimes waren, sich aber mit dem Anschein von Stabilität zufrieden gaben, den sie ihm zu verdanken glaubten. Nicht selten warfen diese den Opfern vor, sie hätten sich ihr Unglück durch ihre Revolte selbst zuzuschreiben.

Die Bedeutung der sektiererischen Angriffe

Neben der Ausrichtung auf die Armen gibt es ein weiteres Ziel, das nicht völlig unabhängig von dem vorherigen ist und mit der konfessionellen Frage zusammenhängt. So ist es kein Zufall, dass die Opfer der Massaker in ihrer großen Mehrheit Sunnit*innen vom Land und aus den Vorstädten waren und sind. Dies ist vielmehr auf drei Faktoren zurückzuführen.

Erstens ist die militärische Operationsbasis der Revolution im Wesentlichen sunnitisch und stammt aus der Peripherie des Landes.

Zweitens hat das Regime versucht, den Eindruck zu erwecken, dass es sich um einen Konflikt »zwischen zwei Blöcken, einem sunnitischen und einem alawitischen« handele. Assad, der es in der Vergangenheit aus Sorge um seine Beziehungen zu den arabischen Ländern und um sein »nationales« Image vermieden hatte, die konfessionelle Frage öffentlich anzusprechen, begann nun, sie unverhohlen zu instrumentalisieren. Nicht nur, um die Minderheiten für sich zu gewinnen und die Reihen der alawitischen Gemeinschaft zu schließen, sondern auch wegen der Verschlechterung der Beziehungen zu den ehemaligen Verbündeten (Türkei, Katar und Saudi-Arabien) und um den Christ*innen Angst vor der sunnitischen Mehrheit einzujagen, zu einer Zeit, in der die Muslimbruderschaft und andere Kräfte des politischen Islams Wind in den Segeln zu haben schienen. Die alawitische Minderheit, die die politische, mafiöse und sicherheitspolitische Vorherrschaft sicherstellt, erhebt keinen Anspruch auf religiöse Hegemonie, was es ihr ermöglicht, sich im Namen der Verteidigung des »Säkularismus« gegen die extremistischen Sunnit*innen zu rechtfertigen.

Der dritte Faktor ist wahrscheinlich der wichtigste. Das Regime hat es auf die Sunnit*innen auf dem Land abgesehen, weil sie eben die »Mehrheit« sind. Das Schicksal von Mehrheiten ist in der heutigen Welt nie so besorgniserregend wie das von Minderheiten, die, sobald sie bedroht sind, eine breite Sympathiebewegung zu ihren Gunsten hervorrufen, weil ihre Existenz auf dem Spiel steht. Das syrische Regime, das ein Experte in Sachen Gewalt ist, hat dies verstanden, seitdem Hafiz al-Assad die Macht übernommen hat. Die Tatsache, dass Zehntausende von Sunnit*innen sterben, obwohl es Millionen von ihnen in Syrien und zig Millionen in der Region (und fast eine Milliarde in der Welt!) gibt, stellt für sie keine existenzielle Bedrohung dar. Außerdem gehören die Gruppen, die Minderheiten terrorisieren, zu dieser dominanten sunnitischen Gemeinschaft. Die Klischees, die Sunnit*innen in weiten Teilen des Westens anhaften, haben eine negative Konnotation, die mit dem Bild der Golf-Emire, Osama Bin Ladens, der Taliban und sogar mit dem von jungen Menschen in Identitätskrisen und Integrationsschwierigkeiten in den Vorstädten europäischer Städte verbunden ist.

In dieser konfessionellen und politischen Gleichung wird auch deutlich, dass das Regime nicht mit extremer Gewalt gegen die Kurd*innen oder die Ismailit*innen vorgegangen ist, obwohl Städte wie Amuda und Qamischli (überwiegend kurdisch) oder Salamiyyah, die Hochburg der Ismailit*innen, Schauplatz von Sitzstreiks und Massendemonstrationen waren. Mit der

»Rationierung« der Repression durch die konfessionelle Zuordnung wollte es sein Argument eines von seiner Armee geführten Kampfes gegen den »islamischen Extremismus« und »bewaffnete Banden und Dschihadisten« untermauern. In Bezug auf die Kurd*innen entwickelte es eine Strategie, die darauf basierte, ihnen die syrische Staatsbürgerschaft zu gewähren, die sie seit Jahrzehnten vergeblich eingefordert hatten, und die Armee zugunsten der kurdischen Milizen aus der Region Hassaka abzuziehen, was diesen die Möglichkeit bot, die Kontrolle über die Ölvorkommen und bestimmte Übergänge zum Irak und zur Türkei zu erlangen.

Mit all diesen faschistischen Methoden ging das syrische Regime gegen die Revolution vor[158] und verwickelte sie in einen Kampf, den der Iran großzügig finanzierte, den Russland (zusammen mit China) deckte und den einige westliche politische Kräfte, sowohl links als auch rechts, im Namen des Antiimperialismus und des Säkularismus unterstützten.

Die radikale Revolution

Einer der Gründe für die Widerstandsfähigkeit der Revolution ist wahrscheinlich die Radikalität dessen, was sie mit sich bringt: nicht nur in Bezug auf Sprache, Slogans und die Explosion künstlerischer Talente, sondern auch in Bezug auf die Zerstörung aller Systeme, die die Syrer*innen jahrzehntelang unterdrückt haben, und der Slogans, die diese Unterdrückung rechtfertigten. Deshalb erhebt sie eine ganze Gesellschaft und offenbart das, was in ihr am tiefsten verborgen ist. Darin liegt auch ihre »Gefährlichkeit«, denn in ihr steckt heute eine Gewalt,

---

158 Zwei (in der Zeitschrift *Kalamon*) veröffentlichte Artikel von Yassin al-Haj Saleh, einer in Ausgabe 7 vom Sommer 2012 unter dem Titel »Al-jouzhour athaqafiyya wal-ijtima'iyyah lil-fachiyya as-souriyya« [»Von den sozialen und kulturellen Wurzeln des syrischen Faschismus«], der andere in Ausgabe 5 vom Winter 2012 unter dem Titel »Fi al-chabbiha wal-tachbih wa dawlatihima« [»Die Shabiha, ihre Taten und ihr Staat«] bieten eine eingehende Analyse dessen, was der Faschismus des Regimes bedeutet: absolute Autorität, moralische und intellektuelle Leere und fassadenhafte Modernität, begleitet von extremer Gewalt und einer stolz zur Schau getragenen Verachtung des Rechts.

die ihrer früheren Fähigkeit entspricht, die Gewalt zu erleiden, deren Ziel sie war und die sie tausend Tage zuvor zu verbannen beschloss. Im Jahr 2011 zeigte der junge Ahmad Biassi in einem auf dem Dorfplatz von Bayda gedrehten Video seinen Personalausweis, um gegen die Leugnung seiner Existenz und der seines Dorfes zu protestieren, als die offiziellen Medien behaupteten, dass die Aufnahmen, die zeigen, wie regimetreue Kräfte gewaltsam auf Köpfen herumtrampeln – darunter auch dem von Biassi –, nicht in Syrien gedreht worden seien. Im Jahr 2013 haben Tausende junger Menschen (wie Biassi) bewiesen, dass sie eher bereit sind, unter Luft- und Bodenbombardements zu sterben, als die Demütigung zu ertragen und sie lediglich anzuprangern. Zwischen diesen beiden Momenten hat ein Teil der Syrer*innen schnell die Schwelle überschritten und es ist immer weniger sicher, dass sie bereit sind, eine Versöhnung zu akzeptieren, ohne dass der Gerechtigkeit Genüge getan wurde.

Eine träge Welt

In der Politik hat es keinen Sinn, verpassten Chancen nachzutrauern. Es ist jedoch nützlich, die Verschlechterung bestimmter Situationen und ihre Verkomplizierung zu erklären. Es ist auch interessant, die »sich selbst erfüllenden Prophezeiungen« zu entlarven, die manche Menschen aus Angst vor Albträumen oder aus dem Wunsch heraus, sie wahr werden zu lassen, verkünden.

Zweifellos hatte eine Mischung aus diesen Prophezeiungen, fehlerhaften diplomatischen Manövern und der Schwierigkeit eines politischen Moments, der durch regionale und globale Konflikte gestört wurde, dramatische Folgen für die Mehrheit der Syrer*innen: Einerseits wurden ihrer Revolution schwere Waffen verwehrt, die es ihr ermöglicht hätten, sich zu verteidigen und den Schaden zu begrenzen, und andererseits wurden auch nach dem Einsatz von Chemiewaffen keine rechtlichen Schritte gegen das Regime eingeleitet, so dass der Konflikt unter dem Vorwand fortgesetzt wird, man wisse nicht, was mit Syrien geschehen würde, wenn Baschar al-Assad stürzt.

Auch wenn die internationalen Beziehungen komplex sind und sich Fehleinschätzungen mit katastrophalen Auswirkungen häufen, gibt es keine Rechtfertigung für Zögern und Gleichgültigkeit angesichts der humanitären Katastrophe, die syrische Männer und Frauen, Erwachsene und Kinder, durch Bombardierungen und Massaker verschlingt, und angesichts der Hungersnot und der Epidemien, die das Regime ganzen Regionen auferlegt, um die Bewohner*innen dazu zu bringen, sich zu ergeben oder sich auf der Suche nach Rettung in Geister zu verwandeln.

Die Welt hat keine Entschuldigung dafür, taub und stumm zu bleiben angesichts der Tragödie, die sich in Syrien und in den Flüchtlingslagern abspielt, oder sogar auf dem Meer, wo die Überlebenden versuchen, in behelfsmäßigen Booten überzusetzen. Sie hat auch keine Entschuldigung dafür, nicht gegen die Barbarei einzuschreiten, weil sie befürchtet, dass andere sie ersetzen werden.[159]

Die verwaiste Revolution

In Revolutionen gibt es kein Verlust- oder Gewinnkalkül, das Entscheidungen und »rote Linien« vorschreibt. Denn Revolutionen erheben sich im Angesicht des Unmöglichen. Und in der einfachen Tatsache, dass sie stattfinden und sich halten können, liegt ein Teil ihres Erfolgs: die Rückkehr der Menschen in die Freiheit, ihre Wiederaneignung ihres Schicksals, und sei es nur für einen Moment, bevor der Tod sie niedermäht. In diesem Sinne hat die syrische Revolution bisher Großes geleistet, obwohl sie eine Waise ist und noch ein langer Weg vor ihr liegt ...

Dezember 2013

---

159 In einem Text, der am 26. September 2013 auf der Internetseite *Médiapart* unter dem Titel »Face à la barbarie, l'importance d'intervenir en Syrie« [»Angesichts der Barbarei ist es wichtig, in Syrien zu intervenieren«] veröffentlicht wurde, wendet sich Farouk Mardam-Bey gegen die Vorstellung, dass der Sturz von Assad den Dschihadisten den Weg frei machen würde. Er betont im Gegenteil, dass ein Festhalten an Assad Syrien zwei Barbareien gleichzeitig aussetzt.

Nachwort zur deutschen Ausgabe
Gewalt und Straflosigkeit: Wie konnte es so weit kommen?

Im Jahr 2011, dem Jahr des revolutionären Volksaufstandes in Syrien, und dann ab seiner Militarisierung im Jahr 2012 und seiner Umwandlung in einen totalen Krieg erfuhr die Gewalt des von Russland und dem Iran unterstützten Assad-Regimes eine beispiellose Steigerung. Es war eine tägliche, industriell organisierte Gewalt, die zu mehr als 320.000 Toten und Verschwundenen unter der syrischen Zivilbevölkerung (und palästinensischen Geflüchteten in Syrien) in neun Jahren führen sollte.[160] Zusätzlich zu diesen Opfern gibt es mehr als 13 Millionen Binnenvertriebene und Geflüchtete außerhalb des Landes, d. h. mehr als 55 Prozent der Bevölkerung.[161]

Warum sind wir an diesem Punkt angekommen? Warum und wie wurde seit 2011 so viel Gewalt inszeniert und ausgeübt und Syrien, wo eine friedliche Volksrevolution begonnen hatte, in einen Schauplatz des Krieges und der Barbarei verwandelt?

Das erste Element zur Entschlüsselung dieser Unerbittlichkeit hat mit dem zu tun, was Baschar al-Assad und seine Verwandten als einen existenziellen Kampf gegen die Revolutionär*innen und ihre soziale Basis betrachteten, wobei sie das Schicksal von Saddam Hussein im Irak und insbesondere das von Gaddafi in Libyen vor Augen hatten.

---

160 Darüber hinaus sind mindestens 250.000 Kämpfer und Soldaten aller Konfliktparteien gestorben.

161 Genaue Zahlen finden sich auf der Website des Syrian Network for Human Rights, das inzwischen über die größte Datenbank zum Konflikt in Syrien verfügt: www.sn4hr.org.

Das zweite, das sich aus dem ersten ergibt, ist die Beziehung, die der syrische Präsident und sein Familienclan zu ihrem Land haben, das sie als ihr Privateigentum betrachten, das vom Vater an den Sohn weitergegeben wird, mit allem, was dies politisch und finanziell bedeutet, insbesondere seit der Liberalisierung der Wirtschaft und der Reihe von Privatisierungen, von denen die Cousins und andere Verwandte des Präsidenten profitieren.[162]

Das dritte Element ist zweifelsohne das konfessionelle Element. Die Tatsache, dass die Assads und die überwiegende Mehrheit der Führungsriege von Armee und Geheimdiensten sowie die Chefs der *Shabiha* (der Killerbanden) der alawitischen Minderheit angehören, hat sowohl eine mechanische Solidarität, eine *assabiyya* (um mit Ibn Khaldun zu sprechen), innerhalb dieser Minderheit geschaffen als auch einen Überlebensinstinkt geschürt, der einen politischen Konflikt in einen Kampf auf Leben und Tod verwandeln kann.

Das vierte ist das Auftauchen der Organisation »Islamischer Staat« im Jahr 2014, deren spektakuläre barbarische Gewalt und insbesondere ihre Angriffe im Westen die Aufmerksamkeit von Baschar al-Assads Verbrechen ablenkten und ihm die Möglichkeit gaben, sich als Bollwerk gegen den »Terrorismus« zu präsentieren. Mit der Gleichung »entweder er oder der IS«, die von seinen Verbindungsleuten in Europa wiederholt wird, konnte das Regime seine Politik der Brutalisierung ungestraft fortsetzen.

Das fünfte ist die Tatsache, dass dieser Krieg ohne die Unterstützung des Iran und Russlands und ohne das Zögern der west-

---

162 Zum inneren Kreis des syrischen Präsidenten gehörten, wie bereits erwähnt, sein Bruder Maher, sein Cousin väterlicherseits Dhu al-Himma Shalish, sein Cousin mütterlicherseits Hafez Makhlouf und bis 2012 sein Schwager Assef Shawkat. Ein dritter Cousin, Rami Makhlouf, profitierte von den Privatisierungsprojekten und erhielt einen Großteil der staatlichen Aufträge im Finanz-, Tourismus- und Energiesektor sowie ein Monopol im Telekommunikationssektor bis 2019. Seitdem wurde er aufgrund mafiöser Rivalitäten und des Aufstiegs von Asma al-Akhras (Baschars Frau) und ihrem Clan abgesetzt.

lichen und arabischen Mächte niemals mit solcher Grausamkeit hätte geführt werden können.

Diese fünf Faktoren nahmen ab März 2011 und erneut im Jahr 2012 nach der Militarisierung des Aufstands Gestalt an. Der Überlebenswille des Systems fand seinen Ausdruck in einer totalen Kriegserklärung an die Gesellschaft, um bestimmte Randgruppen zu vernichten und alle anderen zu unterwerfen. Im Rahmen dieses ungebremsten Krieges lassen sich drei Arten oder Kategorien von Gewalt unterscheiden.

Kriegsverbrechen und Verbrechen gegen die Menschlichkeit

Wenn die Feuerkraft des Regimes und sein schrecklicher, von seinen russischen und iranischen Verbündeten unterstützter Beschuss von Städten und Gebieten, die von den Rebell*innen gehalten werden, Zehntausende von Syrer*innen töteten, um sie auszurotten, so zielten die massiven Verhaftungen und die Belagerung zahlreicher Orte im ganzen Land vor allem darauf ab, seine Gegner*innen psychologisch zu brechen, sie zu demütigen und zu unterwerfen.

Zwischen 2011 und 2019 wurden mehr als 90.000 Syrer*innen vermisst, die meisten von ihnen in Assads Gefängnissen. Aus Berichten von Amnesty International, Human Rights Watch, den Aussagen von Hunderten von Familien und Zehntausenden von sorgfältig nummerierten Bildern von Leichen, die von einem desertierten Fotografen der Militärpolizei des Regimes übergeben wurden[163], geht hervor, dass etwa 30.000 von ihnen an Folter und Hunger gestorben sind.

Warum foltert das Regime so exzessiv? Woher kommt diese Besessenheit, den Tod zu dokumentieren, vor allem durch die Nummerierung von Leichen?

Der Tod durch Folter oder Verhungernlassen in industriellem Maßstab ist das Mittel des Assad-Regimes, um seine uneingeschränkte Macht zu behaupten. Es beweist, dass es in der Lage

163 Vgl. zu diesem Thema Garance Le Caisne, *Opération César*, Paris, Stock, 2015.

ist, zu töten, wen es will und wann es will. Was die bürokratische Verwaltung des Tötens betrifft, so soll sie uns daran erinnern, dass sie vom Staat organisiert wird. Das Ziel der Folter besteht also nicht so sehr darin, Informationen zu erhalten, sondern vielmehr darin, den*die Gegner*in zu brechen, zu entmenschlichen und ihm*ihr bewusst zu machen, dass er*sie es mit einer Maschinerie zu tun hat, die ihm*ihr jeden Moment die Knochen brechen kann. Ein weiteres, indirektes Ziel ist es, die Familien der Verhafteten zu terrorisieren und zu lähmen, da sie nicht erfahren, wo diese sind und warum sie verhaftet wurden.

Zusätzlich zu diesem Terror in den Gefängnissen gibt es einen weiteren, nicht weniger monströsen Terror: die Vergewaltigung von Mädchen und Frauen, aber auch von Männern.

Tatsächlich ist Vergewaltigung in der langen Liste der in Syrien begangenen Gräueltaten die Straftat, über die am meisten geschwiegen wird. Denn sie bricht eines der am tiefsten verwurzelten Tabus und wird durch das Schweigen der Opfer gedeckt, die die Ablehnung durch ihre eigenen Familien fürchten.

Eine Vergewaltigung erschüttert die Opfer physisch und psychisch, und wenn sie aufgedeckt wird, zerstört sie deren Angehörige gesellschaftlich. Das Regime bestraft seine »Beute« absichtlich doppelt und erteilt seiner Gemeinschaft eine kollektive Lektion. Viele Aussagen vergewaltigter Frauen unterstreichen die politische Bedeutung dieser Vergewaltigungen. Sie berichten von einer Formel, die von den Vergewaltigern dauernd wiederholt wurde: »Du willst Freiheit? Hier hast du sie!«[164]

Um die aufständische Gesellschaft weiter zu schwächen und den Überlebenden einen bleibenden Stempel aufzudrücken, belagerte die Armee von Baschar al-Assad ab dem Frühjahr 2013 mehrere Orte in den Gouvernements Homs und Damaskus und 2016 die östlichen Stadtteile von Aleppo. Diese Belagerungen haben Zehntausende der 600.000 Menschen, die in den betroffenen Gebieten leben, ausgehungert, während sie gleichzeitig bombardiert wurden.

---

164 Siehe zu diesem Thema den Dokumentarfilm von Manon Loizeau und Annick Cojean, *Le cri étouffé*, France 2, 2017.

Die Umsetzung dieser Politik wird allgemein, auch von den Vereinten Nationen, als bewusste Strategie bezeichnet.

Die Gesetze der konfessionellen »Säuberung«

Am 1. November 2016 erklärte Baschar al-Assad, dass »das soziale Gefüge in Syrien besser ist als vor dem Krieg«.[165] Am 20. August 2017 sagte er außerdem: »Wir haben eine gesündere und homogenere Gesellschaft gewonnen ... Diese Homogenität ist die Grundlage der nationalen Einheit: Sie drückt sich in Überzeugungen, Ideologie, Traditionen, Bräuchen, Wahrnehmungen und Perspektiven aus.«[166] Er bezog sich dabei auf die bedeutenden demografischen Veränderungen, die im Lande stattfanden. In der Tat hatten 6 Millionen Menschen, mehrheitlich sunnitische Muslim*innen, das Land auf der Flucht vor Bombenangriffen und Verhaftungsaktionen verlassen. Die darauf folgenden Deportationen, internen Vertreibungen und organisierten Plünderungen von Eigentum veränderten die demografische Struktur Westsyriens und des Gouvernements Damaskus und vertrieben weitere Hunderttausende von Menschen aus ihren Wohnorten.

Die Umsetzung dieser erzwungenen »Homogenisierung«, die auf konfessionellen und sozialen »Säuberungen« beruht, zeichnet sich nun durch das von der syrischen Regierung im April 2018 erlassene Gesetz 10 ab. Dieses Gesetz sieht vor, dass die Behörden bei der Festlegung einer Stadtentwicklungszone die betroffenen Grundstücks- und Wohnungseigentümer*innen durch öffentliche Bekanntmachung informieren müssen. Diese haben einen Monat Zeit, um Beweise für ihre Eigentumsrechte vorzulegen, die in Aktien umgewandelt werden. Dies ist für sie offensichtlich ein aussichtsloses Unterfangen, da die meisten

165 Äußerungen, die von der Hisbollah-freundlichen libanesischen Tageszeitung *Al-Akhbar* anlässlich eines Empfangs des syrischen Präsidenten berichtet wurden und die sich mit den Äußerungen Assads in einem Interview mit der kubanischen Nachrichtenagentur vom 21. Juli 2016 decken.

166 Erklärung des syrischen Präsidenten auf der Jahreskonferenz des Außenministeriums in Damaskus: https://www.youtube.com/watch?v=SkK9KttSdQc (von Minute 6:40 bis Minute 7:10).

der 13 Millionen vertriebenen Syrer*innen innerhalb oder außerhalb Syriens nicht im Besitz ihrer Eigentumstitel sind, die verloren gegangen sind, zerstört wurden oder von Anfang an nicht vorhanden waren. Und viele derjenigen, die sie noch haben, können sich aus Angst vor Repressalien nicht an die Behörden wenden.

Wie schon oft anderswo in der jüngeren Vergangenheit, vor allem in Israel nach 1948, bestätigt dieses Gesetz den Wunsch, die syrische Demografie endgültig zu verändern und die Rückkehr eines großen Teils der Binnenvertriebenen und Geflüchteten unmöglich zu machen. Außerdem sollen Beweise für Kriegsverbrechen des Regimes in mehreren belagerten und bombardierten Gebieten um Damaskus vernichtet werden, in denen »Stadtentwicklungszonen« geplant sind.

Chemiewaffen

Das Verbot des Einsatzes von Chemiewaffen (seit 1929 völkerrechtlich verankert) und dessen Einstufung durch die US-Regierung als »rote Linie« haben das syrische Regime nie daran gehindert, diese Waffen einzusetzen, zunächst im April 2013 in Dschubar östlich von Damaskus und dann an anderen Orten. Aus Berichten der UNO und mehrerer internationaler Organisationen[167] geht hervor, dass seither Dutzende von Chemiewaffenangriffen stattgefunden haben.

Baschar al-Assad hat sich zwar hauptsächlich für Chlor entschieden, das von Hubschraubern aus in Sprengstofffässern abgeworfen wurde, aber er hat auch mindestens vier Mal Sarin-Gas eingesetzt.

Der tödlichste Sarin-Anschlag fand am 21. August 2013 statt, bei dem mehr als 1.500 Zivilist*innen in den Ghoutas von Da-

167 Siehe hierzu die Berichte von Global Chemical Weapons Watchdog https://news.un.org/en/story/2020/04/1061402, von Human Rights Watch https://www.hrw.org/report/2017/05/01/death-chemicals/syrian-governments-widespread-and-systematic-use-chemical-weapons und von Amnesty International https://www.amnesty.org/en/latest/news /2018/02/syria-witness-testimony-reveals-details-of-illegal-chemical-attack-on-saraqeb/.

maskus starben, und der jüngste war der Angriff auf Douma am 7. April 2018, bei dem Dutzende von Frauen und Kindern getötet wurden.

Warum setzt das Assad-Regime chemische Waffen ein, obwohl es weiß, dass dies die einzige »rote Linie« ist, die vom Weißen Haus unter Obama und den westlichen Hauptstädten gezogen wurde? Warum tut es dies, obwohl seine Truppen, die von Russland, dem Iran und den libanesischen, irakischen und afghanischen schiitischen Milizen unterstützt werden, aus rein militärischer Sicht in einer starken Position sind? Im Gegensatz zu dem, was von den Propagandist*innen des Regimes im Westen oder von gewissen Beobachter*innen, die Verschwörungstheorien anhängen, oft behauptet wird, setzt die syrische Regierung chemische Waffen gerade deshalb ein, weil dies eine »rote Linie« ist. Sie testet damit die internationalen Reaktionen und zeigt sich trotzig, da sie sich der politischen und diplomatischen Deckung Moskaus sicher ist. Sie weiß auch, dass das Kräfteverhältnis, das seit der russischen Militärintervention 2015 zu ihren Gunsten ausfällt, bei einigen Skeptiker*innen Fragen aufwerfen wird: »Welches Interesse hätte die Regierung daran, noch Chemiewaffen einzusetzen, wenn sie doch gewinnt?« Aber dies ist ein Regime, das sich dadurch auszeichnet, dass es Zweifel und Misstrauen destilliert. Es fördert die Gerüchtekultur und spielt mit der Vorgeschichte der amerikanischen Lüge über Chemiewaffen im Irak im Jahr 2003, um die öffentliche Meinung zu spalten. Es nutzt und missbraucht sie auch, weil es in diesem Fall genau verstanden hat, dass solche Einsätze trotz der »roten Linie« nur laue westliche Reaktionen hervorrufen werden. Jeder Militärschlag gegen das Regime wäre demnach »symbolisch« und würde seinen Anhänger*innen eine gute Gelegenheit bieten, das Komplott und den »Imperialismus« anzuprangern.

Noch wichtiger ist, dass die syrische Regierung chemische Waffen einsetzt, um ihre Straflosigkeit zu demonstrieren, sowohl gegenüber ihren Anhänger*innen als auch gegenüber ihren Feind*innen. Sie stellt sich in den Augen aller als ewiger »Gebieter« zur Schau.

Schließlich muss noch eine weitere perverse Dimension des Einsatzes chemischer Waffen und seiner Erhebung zur »roten Linie« auf internationaler Ebene hervorgehoben werden: Die Konzentration auf diese verbotene Waffe hat dazu geführt, dass die Auswirkungen aller anderen Verbrechen relativiert werden, die als fast »banale« Kriegshandlungen erscheinen, da sie unterhalb der Schwelle der berühmten »roten Linie« liegen. Der Einsatz von Chemiewaffen war daher für Baschar al-Assad die beste Möglichkeit, seine absolute Macht und seine Straflosigkeit zu demonstrieren, die er von seinem Vater geerbt hat und die ihm die Lizenz zum Töten im Frieden geben.[168]

Straflosigkeit und politischer Realismus

Heute ist klar, dass Baschar al-Assads Strategie der Gewalt nicht darin besteht, alle Menschen zu töten, sondern nur so viele Syrer*innen, dass sich alle anderen bedroht fühlen. So viele werden von Baschar al-Assad inhaftiert, gefoltert, ausgehungert und vergewaltigt, dass die Überlebenden die Narben der Angst und der Demütigung tragen, wo immer sie sind. Ebenso deportiert er nicht alle Syrer*innen und beschlagnahmt deren Eigentum, jedoch das vieler Menschen mit dem Ziel, die konfessionelle Demografie des Landes zu verändern. Auf diese Weise will er die Syrer*innen zu Überlebenden machen, deren Erinnerungen durch Massaker, Gefängnisse, Folter, Vergewaltigungen, Belagerungen, Deportationen, Sarin-Gas und die Verlassenheit durch die Welt für immer gezeichnet sind.

Was bleibt von der Glaubwürdigkeit des Völkerrechts und der UN-Institutionen angesichts dieser Gewalt, die sich in den Gefängnissen fortsetzt, in denen Zehntausende von Männern und Frauen immer noch gefoltert werden, die sich fortsetzt in mehreren Orten, die das Regime entweder dank russischer und iranischer Streitkräfte eingenommen hat oder die regelmäßig von seinen Truppen bombardiert werden, die sich fortsetzt in Orten rund um die Hauptstadt Damaskus, wo Eigentum be-

168 Vertiefend hierzu siehe Subhi Hadidi, Ziad Majed und Farouk Mardam-Bey, *Dans la tête de Bachar Al-Assad*, Actes Sud, Arles 2018.

schlagnahmt wurde? Und was ist mit den russischen Appellen an die internationale Gemeinschaft, das zu finanzieren, was sie »Wiederaufbau« und »Versöhnung« in Syrien nennen?

Es sei daran erinnert, dass derzeit nur Russland, der Iran und die Türkei[169] – erfolglos – über die Zukunft Syriens verhandeln. Der von Moskau eingeleitete Prozess hat die minimalen Bemühungen der UNO an den Rand gedrängt. Das herrschende Trio wartet in der Tat auf die Entwicklung der US-Politik (gegenüber dem Iran) und zählt darauf, dass die Europäer auf dem zersplitterten Boden »vollendete Tatsachen« akzeptieren werden.

Die wichtigste Frage, die sich in diesem Zusammenhang stellt, ist die der Straflosigkeit. Denn aus der Behandlung dieser Frage ergeben sich Antworten auf mehrere andere.

Die konsequente Ablehnung der Straflosigkeit in Syrien ist angesichts des Kräfteverhältnisses auf syrischem Boden und des damit verbundenen Status quo die einzig mögliche Politik. Diese Ablehnung hat nicht nur ethische oder rechtliche Gründe. Sie ist auch Teil eines realpolitischen Ansatzes, denn die Ausgrenzung der Syrer*innen aus dem Völkerrecht, die Hinnahme des Triumphs von Verbrechen gegen die Menschlichkeit und die Normalisierung der Beziehungen zu diesen Akteuren oder gar deren Finanzierung unter dem Vorwand des Wiederaufbaus ist ein fataler Fehler, der kaum zu Stabilität und zur Rückkehr der Geflüchteten führen wird.

Im Gegenteil, anhaltende Straflosigkeit wird Frustration, Hass und Wut schüren, was wiederum dem Nihilismus und dem künftigen Aufkommen »terroristischer« Gruppen zugutekommt. Letztere stützen sich in ihrem Diskurs und zur Rechtfertigung ihrer Handlungen stets auf die »Viktimisierung« und die den Völkern des Nahen Ostens zugefügten Ungerechtigkeiten.

Die Ablehnung der Straflosigkeit bedeutet auch die Ablehnung jeder Lösung, die durch militärische Gewalt und die Besatzung Syriens erzwungen wird, und die Forderung nach einem

169 Die Politik der neuen US-Regierung unter Joe Biden ist in Bezug auf Syrien noch nicht klar und ausgearbeitet. Es muss daher abgewartet werden, bevor man sich zu den geplanten Prioritäten und Maßnahmen äußert.

politischen Übergang, einer neuen Verfassung und freien Wahlen. Ohne diesen Übergang hat der Wiederaufbau – den weder Russland noch der Iran finanzieren könnten – nur ein Ziel: Moskau einen politischen Sieg zuzugestehen und die Gewalt des syrischen Regimes zu akzeptieren.

Schließlich bedeutet die Ablehnung der Straflosigkeit, dass ein Teil der Glaubwürdigkeit der internationalen Organisationen wiederhergestellt würde, die seit 2011 in diesem Bereich alles verloren haben.

Z.M.
März 2021

Inhalt